FIELES A
CRISTO

Registrar Este Libro

Beneficios de registrar el libro*

- ✓ GRATIS **Reposición** de libros perdidos o dañados.
- ✓ GRATIS **Libro en Audio** - *Pilgrim's Progress*, edición en audio.**
- ✓ GRATIS Información de libros nuevos y otros **obsequios**.**

www.anekopress.com/new-book-registration

*Ver en nuestra página web las condiciones y limitaciones.

**Estos recursos se encuentran solo en inglés

FIELES A
CRISTO

Un reto para una vida verdadera por Cristo

ANEKO
PRESS

Nos encanta escuchar a nuestros lectores. Póngase en contacto con nosotros en la página web www.anekopress.com/questions-comments con cualquier pregunta, comentario o sugerencia.

Fieles a Cristo – Charles H. Spurgeon

Edición actualizada de los derechos de autor © 2025

Publicado en inglés como *Faithful to Christ*

Traducción: Roger Gonzales

Aneko Press

www.anekopress.com

Aneko Press, Life Sentence Publishing, y nuestros logotipos son marcas comerciales de Life Sentence Publishing, Inc.
203 E. Birch Street
P.O. Box 652
Abbotsford, WI 54405

RELIGIÓN / Vida Cristiana / Crecimiento Espiritual

Paperback ISBN: 979-8-88936-505-1

eBook ISBN: 979-8-88936-506-8

10 9 8 7 6 5 4 3 2 1

Contenido

Capítulo 1

El Orgullo

No hay nada en lo cual el corazón humano caiga tan fácilmente como el orgullo, y sin embargo no hay otro pecado que sea condenado con más frecuencia, más enfáticamente y más elocuentemente en las Escrituras. El orgullo no tiene justificación. Es como parase sobre la arena movediza, o peor aún, sobre las olas del mar que se escurren inevitablemente bajo los pies, es parase sobre burbujas que pronto estallan con el menor peso bajo sus pies. De todas las cosas, el orgullo tiene el peor punto de apoyo. En él no hay una base sólida, no hay firmeza en el terreno en el cual colocarse. Tenemos muchas razones para casi todo, pero no tenemos razones para el orgullo. Este es algo que debería ser impropio para nosotros, porque no tenemos nada que pueda satisfacernos.

El orgullo es una simpleza. No se aporta ningún beneficio con él. No hay sabiduría en la autoexaltación. Otros pecados podrían tener alguna excusa, porque las personas podrían parecer ganar con ellos. La gente puede poner excusas y encontrar beneficios mundanos temporales en la codicia, el placer y la lujuria, pero la persona que está orgullosa vende su alma por una baratija. Abre de par en par las puertas de su corazón para que la gente vea qué tan profunda es la inundación dentro de su alma, pero de repente fluye y todo se ha ido; no queda nada. Por un soplo de viento vacío, una palabra de dulce aplauso: el alma se ha ido, y no queda ni una gota.

En casi todos los demás pecados, recogemos las cenizas cuando el fuego se ha ido, pero aquí, ¿qué queda? La persona codiciosa tiene su oro brillante, pero ¿qué tiene la persona orgullosa? Tiene menos de lo que habría tenido sin su orgullo, y no ha ganado ninguna ventaja. El orgullo no gana ninguna corona; nadie, ni siquiera las personas más bajas de la tierra, lo honran. Todas las personas menosprecian a la persona orgullosa y la consideran menos que ellas mismas.

El orgullo es lo más irrazonable que puede existir. Se alimenta de sí mismo; este de ser posible quitaría su propia vida, para que con su sangre pueda hacer un manto para sus hombros. Debilita y socava su propia casa para que pueda construir sus pináculos un poco más alto, y luego toda la estructura se derrumba. Nada prueba que la gente sea tan tonta como el orgullo.

El orgullo es inconstante. Cambia de forma. Toma todas las formas del mundo. Puedes encontrarlo de la manera que elijas. Puedes verlo en los trapos del mendigo, así como en las prendas del hombre rico. Habita con los ricos y con los pobres. El hombre sin un zapato en el pie puede estar tan orgulloso como si estuviera montando en un carruaje. El orgullo se puede encontrar en todos los rangos de la sociedad, entre todas las clases de personas. A veces es un arminiano y habla del poder de la criatura. Luego se vuelve calvinista y se jacta de su seguridad imaginada, olvidándose del Creador, quien es el único que puede mantener viva nuestra fe.

El orgullo puede profesar cualquier forma de religión. Puede ser un cuáquero y no llevar cuello en su abrigo. Puede ser un clérigo y adorar a Dios en espléndidas catedrales. Puede ser un disidente e ir a la casa de reuniones común. Es una de las cosas más diversas del mundo. Asiste a todo tipo de capillas e iglesias. No importa a dónde vayas, verás orgullo. Viene con nosotros a la casa de Dios. Va con nosotros a nuestras casas. Se encuentra en los negocios y en el ocio, en las calles y en todas partes. Déjame insinuar una o dos formas que adopta. A veces el orgullo toma una forma doctrinal. Enseña la doctrina de la autosuficiencia. Nos dice lo que podemos hacer, y no admitirá que somos criaturas perdidas, caídas, degradadas y arruinadas, como somos. Odia la soberanía divina y condena la doctrina de la elección.

Entonces, si es expulsado de eso, toma otra forma. Reconoce que la doctrina de la gracia libre es verdadera, pero no la siente. Reconoce que la salvación es solo del Señor, pero aun así insta a las personas a buscar el cielo por sus propias obras, incluso por las obras de la ley. Cuando se le aleja de eso, persuadirá a la gente a agregar algo a Cristo en materia de salvación. Cuando todo eso sea destrozado y el pobre trapo de nuestra justicia (Isaías 64:6) sea quemado, el orgullo entrará en el corazón del cristiano, así como en el del pecador. Florecerá bajo el nombre de autosuficiencia, enseñando al Cristiano que es rico y aumentado con bienes y no necesita nada (Apocalipsis 3:17). Le dirá que no necesita gracia diaria, pero que la experiencia pasada será suficiente para el mañana. Le dice que ya sabe lo suficiente, se esfuerza lo suficiente y ora lo suficiente.

El orgullo le hará olvidar que aún no ha alcanzado.

No le permitirá avanzar hacia las cosas que están delante, olvidando las que están detrás. (Filipenses 3:12-14). Entra en su corazón y lo tienta a establecer un negocio independiente para sí mismo - y hasta que el Señor traiga una quiebra espiritual, el orgullo le evitará ir a Dios. El Orgullo tiene diez mil formas. No siempre es ese caballero antipático y formal el que imaginas. Es una cosa vil, rastrera y manipuladora que se retorcerá como una serpiente en nuestros corazones. Hablará de humildad y hablará de ser polvo y cenizas. He conocido a personas que hablan extremadamente bien de su corrupción, fingiendo ser completamente humildes, mientras que al mismo tiempo eran los más orgullosos de los reprobados que se podían encontrar en este lado del abismo de la separación.

¡Oh, mis amigos! No puedes decir cuántas formas asumirá el orgullo. Mira cuidadosamente a tu alrededor, o serás engañado por ello, y cuando pienses que estás entreteniendo a ángeles, descubrirás que has estado recibiendo demonios sin darte cuenta (Hebreos 13:2). El verdadero trono del orgullo en todas partes es el corazón del hombre. Si deseamos por la gracia de Dios, derribar el orgullo, la única manera es comenzar con el corazón.

Ahora déjame contarte una parábola en forma de una historia oriental que pondrá esta verdad en su propia luz. Un hombre sabio en el este, llamado un derviche, de repente llegó a una montaña en sus andanzas y vio bajo sus pies un valle sonriente, en medio del cual fluía un río. El sol brillaba en el arroyo, y el agua, mientras reflejaba la luz del sol, se veía pura y hermosa. Cuando descendió, descubrió que el arroyo estaba embarrado y que el agua era completamente inapta para beber.

Cerca vio a un joven, a un pastor que filtraba diligentemente el agua para sus rebaños. En un momento echó un poco de agua en una jarra y la dejó reposar. Una vez que la tierra se hubo asentado, vertió el agua limpia en una cisterna. Luego en otro lugar desviaba la corriente por un rato, dejándola ondear sobre la arena y las piedras para que el agua se filtrara y se quitaran las impurezas.

El derviche observó al joven que intentaba llenar una gran cisterna con agua clara y le dijo: "Hijo mío, ¿por qué todo este trabajo? ¿Cuál es tu propósito al hacer todo esto?"

El joven respondió: "Padre, soy pastor. Esta agua es tan sucia que mi rebaño no la bebe, y por eso me veo obligado a purificarla poco a poco. De esta manera recolecto lo suficiente para que puedan beber, pero es un trabajo duro". Luego se secó el sudor de la frente, porque estaba agotado por el trabajo.

"Es bueno que hayas trabajado tan duro", dijo el sabio, "¿pero sabes que tu trabajo no está bien aplicado? Con la mitad de trabajo se podría conseguir un mejor resultado. Pienso que la fuente de esta corriente debe ser impura y contaminada. Hagamos una peregrinación juntos y veamos".

Luego caminaron algunas millas, trepando por muchas rocas, hasta que llegaron a un lugar donde nacía el arroyo. Cuando se acercaron a él, vieron bandadas de aves salvajes que huían y fieras de la tierra que se precipitaban hacia el bosque. Estos animales habían venido a beber y habían ensuciado el agua con sus patas. Los dos hombres encontraron un pozo abierto que manaba continuamente, pero a causa de estos animales que constantemente lo perturbaban, el arroyo siempre estaba turbio y fangoso.

"Hijo mío", dijo el sabio, "ponte a trabajar ahora para proteger la fuente y custodiar el pozo, que es la fuente de este arroyo. Cuando hayas hecho eso, si puedes mantener alejadas a estas bestias salvajes y aves, el arroyo fluirá puro y claro, y ya no tendrás necesidad de tu trabajo".

El joven así lo hizo, y mientras trabajaba, el sabio le dijo: "Hijo mío, escucha la palabra de sabiduría. Si estás equivocado, no trates de corregir tu vida exterior, sino trata primero de corregir tu corazón, porque de él brota la vida, y tu vida será pura cuando tu corazón sea puro".

Así que, si quieres deshacerte del orgullo, no debes pensar que puedes hacerlo vistiendo de cierta manera o hablando con palabras piadosas, sino busca a Dios para que Él purifique tu corazón del orgullo, y entonces con seguridad, si el orgullo es limpiado de tu corazón, tu vida también será humilde. Haz bueno el árbol, y el fruto será bueno (Mateo 12:33). Purifica la fuente, y el arroyo será dulce.

Capítulo 2

Llaves rotas

La fe es necesaria para la salvación porque se nos dice en las Escrituras que las obras no pueden salvar. Porque por gracia sois salvos por la fe y no de vosotros mismos; es el don de Dios, no de las obras, para que ningún hombre se gloríe (Efesios 2:8-9).

Aquí hay una historia muy familiar que puede ser entendida por todos: Un día un ministro iba a predicar. Subió una colina en su camino. Debajo de él yacían los pueblos, durmiendo en su belleza, con los campos de maíz inmóviles bajo el sol. Sin embargo, no los miró, porque su atención estaba en una mujer de pie en su puerta, y quien, al verlo, se acercó con la mayor ansiedad, diciendo: "Oh señor, ¿tiene alguna llave con usted? He roto la llave de mis cajones, y hay algunas cosas que debo tener de inmediato". Él dijo: "No tengo llaves". Ella estaba decepcionada, esperando que todos tuvieran algunas llaves. "Pero supongamos", dijo, "que tuviera algunas llaves que no funcionaran en tu cerradura y, por lo tanto, no podías conseguir las cosas que querías. No te angusties, pero espera a que aparezca alguien más". Queriendo hacer un buen uso de la ocasión, agregó: "¿Pero alguna vez has oído hablar de la llave del cielo?"

"¡Ah, sí!" Ella dijo. "He vivido lo suficiente, y he ido a la iglesia el tiempo suficiente, para saber que, si trabajamos duro, obtenemos nuestro pan por el sudor de nuestra frente, actuamos bien con nuestros vecinos, nos comportamos, como dice el catecismo,

humildemente y reverentemente con todos nuestros superiores, cumplir con nuestro deber en esa posición de la vida en la que Dios ha querido colocarnos y decir nuestras oraciones con regularidad, seremos salvos".

"¡Ah!" Dijo. "Mi buena mujer, esa es una llave rota, porque has roto los mandamientos. No has cumplido con todos tus deberes. Es una buena llave, pero la has roto".

"Por favor, señor", dijo, luciendo asustada y creyendo que él entendía el asunto, "dígame lo que he dejado fuera".

"Por qué", dijo, "lo más importante: la sangre de Jesucristo. ¿No sabes que se dice en Apocalipsis 3:7 que Jesús tiene la llave del cielo, y lo que Él abre, nadie lo cierra, y lo que Él cierra, nadie lo abre?" Explicándoselo con más detalle, dijo: "Es Cristo, y solo Cristo, quien puede abrir el cielo para ti, y no tus buenas obras".

"¡Qué!" Ella dijo. "¿Son inútiles nuestras buenas obras, entonces?"

"No", respondió, "no después de la fe. Si crees primero, puedes tener tantas buenas obras como quieras; pero si crees en la Palabra de Dios, nunca confiarás en tus obras, porque si confías en ellas, las has estropeado y ya no son buenas obras. Ten tantas buenas obras como quieras, pero aun así confía completamente en el Señor Jesucristo, porque si no lo haces, tu llave nunca abrirá la puerta del cielo". Así que, entonces, debemos tener verdadera fe, porque la vieja llave de las obras está tan rota por todos nosotros que nunca podemos entrar en el paraíso por ella. Para ser muy claro contigo, si decimos que no tenemos pecado, nos engañamos a nosotros mismos, y no hay verdad en nosotros (1 Juan 1:8). Si crees que entrarás en el cielo por tus buenas obras, nunca hubo un delirio más mortal, y encontrarás, en el último gran día, que tus esperanzas no valían nada. Al igual que las hojas secas de los árboles de otoño, tus obras más nobles desaparecerán. Se encenderán en una llama en la que ustedes mismos deben sufrir para siempre. Fíjate en tus buenas obras; consíguelas después de la fe, pero recuerda: la forma de salvarte es simplemente creer en Jesucristo. Sin fe es imposible ser salvo y agradar a Dios (Hebreos 11:6), porque sin fe no hay unión con Cristo. La unión con Cristo es indispensable para nuestra salvación. Si vengo ante el trono de Dios con mis oraciones, nunca obtendré respuesta a menos que traiga a Cristo conmigo. Los Molossianos de antaño, una vez cuando no podían obtener un favor de su rey, adoptaron una estrategia sorprendente: tomaron al único hijo del rey en sus brazos, cayeron de rodillas y gritaron: "¡Oh rey, por el bien de tu hijo, concede nuestra petición!"

El rey sonrió y dijo: "No niego nada a aquellos que suplican en nombre de mi hijo". Es lo mismo con Dios. No negará nada a la persona que venga a Él con Jesucristo a su lado; pero si viene solo, será expulsado. La unión con Cristo es, después de todo, el gran punto en la salvación.

Déjame contarte una historia para ilustrar esto. Se ha hablado de las increíbles cataratas del Niágara en todas partes del mundo, pero, aunque son maravillosas de escuchar y maravillosas de ver, han sido muy destructivas para la vida humana cuando por accidente alguien ha sido llevado por ellas.

Hace algunos años, dos hombres, un barquero y un minero de carbón, estaban en un barco y no pudieron manejarlo. Fue llevado tan rápidamente por la corriente que ambos inevitablemente iban a ser llevados sobre las cataratas y destrozados. La gente en la orilla los vio, pero no pudieron hacer mucho por su rescate. Por último, sin embargo, un hombre se salvó agarrando una cuerda que alguien le arrojó. En el mismo instante en que la cuerda entró en su mano, un tronco flotó por el otro hombre. El barquero irreflexivo y confundido, en lugar de agarrar la cuerda, agarró el tronco. Fue un error fatal.

Ambos estaban en peligro inminente, pero un hombre fue atraído a la orilla porque tenía una conexión con la gente de la tierra, mientras que el otro hombre, aferrado al tronco, fue llevado irresistiblemente y nunca más se supo de él. ¿No ves que aquí hay una ilustración práctica? La fe es una conexión con Cristo. Cristo está en la orilla, por así decirlo, sosteniendo la cuerda de la fe. Si nos aferramos con la mano de nuestra confianza, Él nos atrae a la orilla; pero nuestras buenas obras, sin conexión con Cristo, se desvían por el abismo de la desesperación mortal. Podemos agarrarlos tan fuerte como podamos, incluso con ganchos de acero, pero no pueden ayudarnos en absoluto.

Capítulo 3

Doble ánimo

Balaam dijo, he pecado (Números 22:34), pero él siguió con su pecado después. Uno de los personajes más extraños del mundo es Balaam. A menudo me he maravillado con ese hombre. Parece realmente en otro sentido haber llegado a las líneas de Ralph Erskine:

Para el bien y el mal por igual,
Soy tanto un diablo como un santo.

Balaam parecía ser así (ver números 22-24). A veces nadie podía hablar de manera más elocuente y más veraz, y otras veces exhibió la codicia más repulenta y vergonzosa que podría deshonrar a la naturaleza humana.

Mira, ahí está Balaam ahora. Él se encuentra sobre la frente de la colina, y allí yacen las multitudes de Israel a sus pies. Se le pide que los maldiga, y él grita: ¿Por qué debería maldecir a alguien a quien Dios no ha maldecido? Dios abre los ojos de Balaam y comienza a contarle incluso sobre la venida de Cristo, y Balaam dice: Lo veré, pero no ahora; lo contemplaré, pero no cerca. Y luego termina su oración diciendo: ¡Muera mi alma la muerte de los justos, y que mi último fin sea como el suyo! Podrías pensar que Balaam es un personaje esperanzador, que se convertirá en un gran tipo. Sin embargo, espera hasta que haya salido de la frente de la colina, y lo escucharás dar el consejo más diabólico al rey de Moab que incluso era posible que el propio Satanás sugiriera. Básicamente le dijo al rey: "No puedes derrocar a estas personas en la batalla, porque Dios está con ellos; trata de atraerlos de su Dios".

Sabes cómo con deseos desvergonzados el pueblo de Moab trató de atraer a los hijos de Israel de la lealtad a Dios. Así que este hombre, Balaam, parecía tener la voz de un ángel en un momento dado, y sin embargo tenía el alma misma de un diablo en su corazón. Era un personaje terrible. Era un hombre de doble ánimo; alguien que, hasta el final, sostuvo con gran intensidad dos cosas opuestas. Sé que la Escritura dice: Nadie puede servir a dos amos (Mateo 6:24). Ahora bien, esto a menudo se malinterpreta. Algunos lo leen: "Nadie puede servir a dos amos". Sí, puede; puede servir a tres o cuatro.

La forma de leerlo es la siguiente: "Ningún hombre puede servir a dos amos". No pueden ser ambos amos. Él puede servir a dos, pero ambos no pueden ser sus amos. Un hombre puede servir a dos, o veinte, que no son sus amos. Puede vivir para veinte propósitos diferentes, pero no puede vivir para más de un propósito principal, solo puede haber un propósito principal en su alma.

Balaam trabajó para servir a dos maestros. Era como la gente de la que se dijo: Temían al SEÑOR y sirvieron a sus propios dioses (2 Reyes 17:33). O era como Rufus, que era un pan de la misma levadura. El rey Rufus pintó a Dios en un lado de su escudo y al diablo en el otro, y tenía este lema debajo: "Listo para ambos; atrapa a quien pueda". Hay muchas personas así que están listas para ambos. ¡Conocen a un ministro, y qué piadosos y santos son! En el Día del Señor, pensarías que son las personas más respetables y rectas del mundo. Hablan de una manera que creen que es eminentemente religiosa. Sin embargo, en un día de semana, si quieres encontrar a los más reprobados y tramposos, son algunas de esas mismas personas que son tan mojigatas en su piedad.

Ten la seguridad de que ninguna confesión de pecado puede ser genuina a menos que sea de corazón. No tiene sentido que digas: "He pecado" y luego sigues pecando. "He pecado", dices, y es una cara buena y justa la que muestras, ¡pero te irás y cometerás voluntariamente el mismo pecado!

Algunas personas parecen nacer con dos caracteres. Cuando estaba en la biblioteca del Trinity College, Cambridge, noté una estatua muy fina de Lord Byron. El bibliotecario me dijo: "Quédese aquí de pie, señor".

Miré y dije: "¡Qué buena postura intelectual! ¡Qué gran genio era!"

"Ven aquí", dijo, "al otro lado".

¡Ah, qué demonio! Ahí está el hombre que podría desafiar a la Deidad". Parecía tener un ceño fruncido y una mirada tan terrible en su rostro, incluso como Milton habría pintado a Satanás cuando dijo: "Mejor reinar en el infierno que servir en el cielo". Me di la vuelta y le dije al bibliotecario: "¿Crees que el artista diseñó esto?"

"Sí", dijo. "Quería imaginarse a los dos personajes: el grande, el grandioso, el genio casi sobrehumano que poseía y, sin embargo, la enorme masa de pecado que había en su alma".

Hay algunas personas del mismo tipo. Como Balaam, derribarían todo lo que fuera contrario a sus deseos. Podrían hacer milagros, pero al mismo tiempo hay algo en ellos que traiciona un horrible carácter de pecado, tan grande como lo que parece ser su carácter para la justicia. Balaam, ya sabes, ofreció sacrificios a Dios en el altar de Baal; ese era el tipo de personaje que era.

Mucha gente hace lo mismo. Ofrecen sacrificios a Dios en el santuario de este mundo y riqueza. Mientras darán a la construcción de una iglesia y donarán a los pobres, en la otra puerta de su oficina triturarán a los pobres para el pan y exprimirán la misma sangre de la viuda para que puedan enriquecerse. No tiene sentido y es inútil que digas: "He pecado", a menos que lo digas en serio desde tu corazón. La confesión de la persona de doble ánimo no sirve de nada.

Capítulo 4

Trabajo que no satisface

Pero esto digo, hermanos, el tiempo es corto; para
el resto, que los que tienen esposas sean como si
no la tuviesen; y los que lloran, como si no llora-
ran; y los que se regocijan, como si no se regoci-
jaran; y los que compran, como si no poseyeran;
y los que usan este mundo, como si no lo usaran
como propio, porque la moda de este mundo pasa.
(1 Corintios 7:29-31)

El primer acto presenta a aquellos que tienen esposas.
Comienza con una boda. La novia y el novio avanzan hacia
el altar vestidos con traje de boda. Las campanas están sonando.
Las multitudes están aplaudiendo en la puerta, mientras la alegría
desbordante reina en su interior. En otra escena observamos
la felicidad doméstica y la prosperidad - un marido amoroso y
una esposa feliz. Más adelante en la actuación, niños rosados
se están subiendo a la rodilla del padre. Los niños pequeños
balbucean el nombre de su madre.

"Ahora", dice nuestro amigo mientras mira con alegría, "esto es real y duradero. Sé que lo es. Esto me satisfará. No anhelo nada más que esto. *Hogar* es una palabra tan dulce como el cielo, y los niños sanos y felices son una posesión tan fina como incluso los ángeles pueden desear. En esta roca construiré toda mi esperanza. Solo dame esto, y renuncio alegremente a las maravillosas alegrías del cristianismo".

Susurramos en el oído de nuestro compañero que todo esto es solo una escena cambiante y que pronto pasará, porque el tiempo es corto, y la esposa y los hijos son criaturas moribundas. El hombre se ríe de nosotros y dice: "Los fanáticos y entusiastas pueden buscar alegrías eternas, pero estas son suficientes para mí".

Él cree que, si hay algo permanente en el universo, es casarse y ser dado en matrimonio, educar y criar una familia, y verlos a todos cómodamente instalados. Él tiene razón al valorar la bendición, pero se equivoca al hacerla toda suya. ¿Verá su error antes de que caiga el telón, o continuará basando las esperanzas de un espíritu inmortal en alegrías moribundas? Vea los montículos verdes en el cementerio y la lápida con "Aquí yace". Por desgracia para ti, pobre criatura engañada del mundo, ¿dónde está tu alma ahora? ¿Te consuela que el polvo de tu descendencia se mezcle con tus propias cenizas? ¿Dónde tienes una casa ahora? ¿Qué familia tienes que cuidar ahora? El primer acto ha terminado. Respira y di: *También esto es vanidad* (Eclesiastés 7:6).

¡Desafortunadamente, el tenor del drama pronto cambia! Las alegrías del hogar están relacionadas con las penas del hogar. *Aquellos que lloran* ahora están delante de nosotros en el segundo acto. Los días nublados y oscuros han llegado. Hay padres retorciéndose las manos de pena. Un niño querido ha muerto, y están siguiendo su cadáver hasta la tumba.

Pronto el comerciante sufre una tremenda pérdida financiera. Pone su mano en su cabeza dolorida y se lamenta, porque no sabe cuándo terminarán sus problemas. La esposa es herida por la mano de la muerte. Ella está acostada en su cama, pálida por la enfermedad y agotada por el dolor. Su marido lloroso está a su lado, y luego hay otro funeral. En la oscura distancia veo a los caballos negros una y otra vez. Los problemas de la humanidad son frecuentes, y las visitas del dolor no son pocas y distantes entre sí. Nuestro hombre del mundo está muy conmovido por este segundo acto, previendo sus propias penas en el mismo. Él llora, expresando sus sentimientos. Nos abraza con seriedad y grita: "Seguramente esto es terriblemente real. No puedes llamar a esto una pena fugaz o una aflicción ligera. Siempre me retorceré las manos con angustia. El deleite de mis ojos me ha sido quitado. Ahora he perdido todas mis alegrías. Mi amado, en quien confiaba, se ha marchitado como una hoja en otoño ante mi rostro. Ahora me desesperaré. ¡Nunca volveré a mirar hacia arriba!"

"He perdido mi fortuna", dice el comerciante afligido, "y la angustia me abruma; este mundo es de hecho un desierto para mí. Todas sus flores están marchitas. No daría ni un chasquido de mi dedo para vivir ahora, ¡porque todo por lo que vale la pena vivir se ha ido!"

Simpatizando profundamente con nuestro amigo, nos atrevemos, sin embargo, a decirle que para el cristiano, estas no son penas que matan, porque estas pruebas son muy cortas y producen un bien duradero. "¡Ah!" dice él. "Ustedes, la gente de fe, podrían hablar de esa manera, pero yo no puedo. Te digo que estas son cosas reales".

Como un marinero inglés que estaba viendo una obra de teatro y saltó al escenario para ayudar a una dama en apuros, creyendo que todo era real, así que esas personas lloran y suspiran como si fueran a tener luto para siempre porque algún bien terrenal les ha sido quitado. ¡Necesitan saber que el doliente humano nunca ha explorado las profundidades del dolor!

¡Oh, que escaparían de esas profundidades más bajas donde los espíritus inmortales lloran y gimen en medio de un énfasis de miseria! Las penas del tiempo son ciertamente triviales en comparación con los dolores del castigo eterno. Los dolores del tiempo son ciertamente triviales en comparación con los dolores del castigo eterno. Por otro lado, consideramos que los *sufrimientos de este tiempo presente no son dignos de ser comparados con la gloria venidera que se manifestará en nosotros (Romanos 8:18)*. No son más que aflicciones ligeras, que son solo por un momento (2 Corintios 4:17), un mero alfilerazo para la persona de fe. Feliz es aquel cuyos ojos están abiertos para ver que los herederos del cielo no se afligen como los que no tienen esperanza (1 Tesalonienses 4:13). La verdadera alegría de arriba siempre está con los creyentes, y es solo la sombra del dolor la que cae sobre ellos. Deja que el telón caiga allí. Entremos en un estado eterno, y ¿qué y dónde están estas penas temporales?

Ahora comienza el tercer acto y nos presenta una visión de *aquellos que se regocijan.* Puede ser que el hijo primogénito haya llegado a la mayoría de edad y haya grandes festividades. Están comiendo y bebiendo en la sala de las sirvientas y en la sala de banquetes del amo. Hay notas altas de alegría y muchos cumplidos, y el padre sonriente está tan contento como un hombre puede estar. Tal vez sea la boda de la hija, y los amigos amables imploran mil bendiciones en su cabeza mientras el padre sonríe y comparte la alegría. Tal vez sea una ganancia en los negocios, una empresa exitosa, o las ganancias de la industria han llegado, lentamente tal vez, pero aún con seguridad, y el hombre está lleno de alegría. Tiene una casa, un hogar, amigos, una reputación exitosa y honor, y a los ojos de todos los que lo conocen, es feliz. Aquellos que no lo conocen piensan que no tiene cuidados ni penas y que su vida debe ser una fiesta perpetua. Piensan que seguramente no puede haber ninguna mancha en su sol, ningún invierno en su año y ninguna marea que siga sus inundaciones.

Nuestro amigo a nuestro lado está sonriendo a este cuadro soleado. "Ahí", dice, "¿no es eso real? ¡Por qué, debe haber algo en eso! ¿Qué más quieres? Solo déjenme obtener lo mismo, y dejaré las alegrías de la fe, el cielo y la inmortalidad para ustedes. Estas son las cosas para mí. Solo déjenme reír y pasar un buen rato, y pueden orar todo lo que quieran. Llena el tazón alto para mí; pon el asado y la otra buena comida en la mesa, y déjame comer y beber, porque mañana moriré".

Si le insinuamos suavemente a nuestro amigo que todo esto pasa como una visión de la noche y que hemos aprendido a mirarlo como si no lo fuera, se ríe de nosotros hasta el desprecio y nos considera locos, cuando él mismo es el más irrazonable. En cuanto a nosotros, lejos de descansar en el sofá más suave que el mundo puede darnos, rechazamos sus vanos deleites.

El cuarto acto del drama está ahora ante nosotros, y *aquellos que compran* exigen nuestra atención. El comerciante no es ni un doliente ni un hombre de diversión. A los ojos de ciertas personas que aman la riqueza, él está atendiendo a la única cosa necesitada, la más sustancial de todas las preocupaciones. Deléitese con los ojos aquí. Ahí están sus bolsas de dinero; ¡escucha cómo golpean la mesa! Están los rollos de bonos, los libros del banquero, las escrituras de propiedad de los patrimonios, hipotecas y valores, y sus inversiones.

Ha tenido éxito en la vida, y todavía se adhiere a los negocios, como debería hacerlo. Como un hombre trabajador, todavía está acumulando y amontonando su riqueza, mientras tanto agrega campo a campo y finca a finca, hasta que pronto poseerá todo un condado. Ahora está comprando una casa grande y muy fina donde tiene la intención de pasar el resto de sus días, porque está a punto de retirarse del negocio. El abogado está ocupado haciendo la transferencia, la suma de dinero está esperando ser pagada, y todo está tan bien como resuelto.

"Ah, ahora", dice nuestro amigo, que está mirando la obra, "¿me vas a decir que todo esto es una sombra? No lo es; hay algo muy sólido y real aquí, o al menos algo que me satisfará perfectamente".

Le decimos que puede haber algo que lo satisfaga, pero nuestros deseos son de mayor alcance, y nada más que Dios puede llenarlos. ¡Qué triste para el que puede encontrar satisfacción en las cosas terrenales! Solo será temporal, porque cuando llegue a acostarse en su lecho de muerte, encontrará que sus compras y ventas son cosas pobres con las que rellenar una almohada moribunda. Encontrará que sus ganancias y adquisiciones no traen más que poco consuelo a un corazón dolorido, y ninguna paz en absoluto a una conciencia ejercida con el miedo a la ira por venir.

"¡Ah!" Llora y se burla sarcásticamente, dejándonos de lado como mentalmente inestables. "Déjame comerciar y hacer una fortuna, y eso es suficiente para mí; ¡con eso estaré muy contento!" ¡Ay, pobre tonto, la nieve no se derrite antes que la alegría de la riqueza, y el humo de la chimenea es tan sólido como la comodidad de las riquezas!

No debemos perdernos el quinto acto. Vea al hombre rico, nuestro amigo que se casó recientemente, el que vimos antes en problemas, y después regocijarse y luego prosperar en los negocios. Ha entrado en una buena vejez; se ha retirado y ahora ha llegado a *usar este mundo*. El mundo dice que ha sido un hombre sabio y que lo ha hecho bien, porque todas las personas te alabarán cuando lo haces bien para ti mismo.

Este hombre ahora tiene una mesa llena, un buen jardín, excelentes caballos y muchos sirvientes. Tiene todas las comodidades que la riqueza puede proporcionar, y mientras miras alrededor de su noble parque, contemplas su avenida de finos árboles viejos, o te quedas uno o dos días en la mansión familiar y notas todos sus lujos, escuchas a tu amigo decir: "Sí, hay algo muy real aquí. ¿Qué opinas de esto?"

Insinuamos que las canas del dueño de todas estas riquezas

indican que su tiempo es corto, y que si esto es todo lo que tiene, es un hombre muy pobre, porque pronto tendrá que dejarlo, y que sus remordimientos de irse harán que su muerte sea más lamentable que la de un pobre.

Nuestro amigo responde: "¡Ah! Siempre hablas de esta manera. Te digo que esto no es una obra de teatro. Creo que todo es real y sustancial, y no estoy, por nada de lo que dices, hecho pensar que es insustancial y que pronto desaparecerá".

Oh mundo, tienes algunos buenos actores para ser capaces de engañar a la gente tan bien, o de lo contrario el hombre mortal es fácilmente engañado, tomado en tu red como los peces del mar. Todo el asunto es claramente un espectáculo, sin embargo, la gente da sus almas para ganarlo. ¿Por qué, oh gente del mundo, haces esas cosas? *¿Por qué gastas dinero en lo que no es pan? ¿Y tu trabajo para aquello que no satisface?* (Isaías 55:2).

Capítulo 5

La mesa de los reprobados

Echa un vistazo de advertencia a la casa de banquetes que Satanás ha construido, porque, así como la sabiduría ha construido su casa y labró sus siete columnas (Proverbios 9:1), así la locura tiene su templo y su taberna de festín en la que continuamente tienta a los descuidados. Mira dentro de la casa de banquetes, y te mostraré cuatro mesas y los invitados que se sientan en las mesas. A medida que mires esas mesas, verás las viandas traídas.

En la primera mesa a la que invito prestar su atención, aunque le ruega que nunca se siente a beber en esa mesa, se sientan los imprudentemente extravagantes. Su mesa es una mesa llena de alegría. Está cubierta con un carmesí vistoso, y todos los vasos que hay sobre él lucen extremadamente brillantes y relucientes. Muchas personas se sientan en esa mesa, pero no saben que son los invitados del infierno, y que la fiesta terminará en las profundidades de la perdición.

¿Ves ahora al gran gobernador de la fiesta cuando entra? Tiene una suave sonrisa en su rostro. Sus vestiduras no son negras, sino que está ceñido con un manto de muchos colores. Tiene una palabra halagadora en su labio y un encanto tentador en el brillo de los ojos. Él trae la taza y dice: "Oye, joven, bebe un poco de esto. Brilla en la taza, se mueve sin problemas. ¿Lo ves? Es la copa de vino del *placer*".

Esta es la primera copa en la casa de banquetes de Satanás. El joven toma un sorbo. Al principio es un sorbo cauteloso. Sólo toma un pequeño sorbo y luego se contiene. No tiene la intención de entregarse mucho a la lujuria; no tiene intención de hundirse de cabeza en la condenación eterna. Hay una flor allí al borde de ese acantilado. Se adelantará un poco y lo arrancará, pero no es su intención arrojarse desde ese escarpado acantilado y suicidarse. ¡Él no! ¡Cree que será fácil guardar la taza después de haber probado su sabor! No tiene intención de entregarse a su intoxicación.

Toma un pequeño sorbo, ¡pero qué dulce es! ¡Cómo le hormiguea la sangre dentro de él! *¡Qué tonto fui al no haber probado esto antes!* él piensa. ¿Hubo alguna vez una alegría como ésta? ¿Se podría pensar que nuestros cuerpos podrían ser capaces de un éxtasis como este?

Él bebe de nuevo. Esta vez toma un sorbo más grande y el vino está caliente en sus venas. ¡Oh, qué bendito es él! ¿Qué no diría ahora para alabar a Baco, a Venus o a cualquier forma que Belcebú decida asumir? ¡Se convierte en un verdadero orador en alabanza del pecado! Es justo, es agradable. La profunda condenación de la lujuria parece tan gozosa como los transportes del cielo.

Bebe, bebe, bebe otra vez, hasta que su cerebro comienza a dar vueltas con la intoxicación de su deleite pecaminoso. Esta es la primera ronda. Bebed, oh ebrios de Efraín, y ata la corona de la soberbia a vuestra cabeza, y llamadnos necios porque apartamos de nosotros vuestra copa. Bebe con la ramera y come con los lujuriosos. Quizás se consideren sabios al hacerlo, pero sabemos que después de estas cosas viene algo peor. *Por tanto, su vid es de la vid de Sodoma y de los campos de Gomorra; sus uvas son uvas de hiel, sus racimos son muy amargos. Su vino es veneno de dragones y veneno cruel de áspides* (Deuteronomio 32:32-33).

¡Ay de la corona de la soberbia, de los ebrios de Efraín y de la flor abierta de la hermosura de su gloria que está sobre la cabeza del valle fértil de los vencidos por el vino! He aquí, el Señor tiene uno poderoso y fuerte que como tempestad de granizo y tormenta destructora, como torrente de poderosas aguas que se desbordan, con la mano arrojarán a la tierra. La corona de la soberbia, los ebrios de Efraín, será hollada con los pies; y la flor marchita de la hermosura de su gloria, que está sobre la cabecera del valle fértil, será como el higo temprano, que viene primero antes que los otros frutos del verano; que cuando el que la mira, la ve; en cuanto lo tiene en la mano, se lo come. En aquel día, Jehová de los ejércitos será por corona de gloria y por diadema de hermosura al resto de su pueblo, y por espíritu de juicio al que se sienta en el trono del juicio, y por fortaleza a los que llevan la batalla a la puerta. Pero también ellos se extraviaron por el vino, y por la sidra se extraviaron; el sacerdote y el profeta se han equivocado por la sidra; son tragados por el vino, son eliminados por la sidra; erran en la visión, tropiezan en el juicio. Porque todas las mesas están llenas de vómito y de inmundicia, de modo que no queda lugar limpio. (Isaías 28:1-8)

Ahora, con una mirada maliciosa en su rostro, el sutil gobernador de la fiesta se levanta de su asiento. Su víctima ya ha tenido suficiente del mejor vino. Quita esa copa y trae otra, no tan brillante. Mira el vino; no está adornado con las chispeantes burbujas del deleite. Todo es monótono, aburrido y de mal gusto. Se llama la copa del exceso. El hombre se hartó del placer, y como perro vomita, aunque como perro volverá a su vomito otra vez (Proverbios 26:11).

¿Para quién será el ay? . . . ¿Quién tendrá enrojecimiento de los ojos? Para los que se demoran mucho en el vino (Proverbios 23:29-30). Ahora hablo del vino en sentido figurado y también literalmente. El vino de la lujuria produce el mismo enrojecimiento de los ojos; la persona autoindulgente pronto descubre que todas las rondas de placer terminan en insatisfacción. Él dice: "¿Qué más puedo hacer? He probado todos los entretenimientos y diversiones que existen. ¡Dame algo fresco! No me importa ni un solo centavo por todos ellos. He ido a todo tipo de placeres que puedo imaginar. Todo ha terminado. El placer mismo se vuelve insípido y aburrido. ¿Qué debo hacer?

Este es el segundo camino del diablo: el camino del exceso: una somnolencia intermitente, el resultado del exceso anterior. Hay miles de personas que beben cada día de la insípida copa de la autocomplacencia. Alguna nueva invención con la que puedan matar el tiempo, algún nuevo descubrimiento con el que puedan dar nueva rienda suelta a su iniquidad, sería algo maravilloso para ellos. Si se levantara alguien que pudiera descubrirles alguna nueva forma de maldad, algunas profundidades más profundas en las profundidades del infierno más bajo del deseo pecaminoso, bendecirían su nombre por haberles dado algo nuevo para excitarlos.

Ése es el segundo camino del diablo. ¿Los ves participando de ello? Hay algunos de ustedes que están bebiendo profundamente de ello. Te has enfermado por excederte en la lujuria y el deseo, los seguidores decepcionados del fugaz vacío del placer. Dios sabe que, si hablaras con todo tu corazón, estarías obligado a decir: "¡Ahí! He probado el placer y no lo encuentro placentero. He dado vueltas y, al igual que el caballo ciego en el molino, tengo que dar vueltas de nuevo. Estoy hechizado por el pecado, pero ya no me deleito en él como antes, porque toda su gloria es como una flor que se marchita y como el fruto apresurado antes del verano".

Permanece un rato en el mar podrido de sus deseos, pero se abre otra escena. El gobernador de la fiesta ordena que traigan otra copa. Esta vez sostiene una copa negra y la presenta con ojos llenos de fuego infernal, brillando con feroz condenación. "Beba de eso, señor", dice.

El hombre bebe un sorbo, salta hacia atrás y grita: "¿¡Cómo es posible que haya llegado a esto!?" Debe beber, señor. El que bebe la primera copa deberá beber la segunda y la tercera. ¡Bebe, aunque sea como fuego en tu garganta! ¡Bébelo, aunque sea como la lava del Etna en tus entrañas! ¡Beber! ¡Debes beber! El que peca debe sufrir. El que es reprobado en su juventud debe tener podredumbre en sus huesos y enfermedad en sus lomos. El que se rebela contra las leyes de Dios debe recoger la cosecha en su propio cuerpo aquí.

¡Oh! Hay algunas cosas espantosas que podría contarles sobre este tercer camino. La casa de Satanás tiene una cámara delantera llena de todo lo que es atractivo a la vista y encantador al gusto sensual, pero hay una cámara trasera, y nadie lo sabe, nadie ha visto todos sus horrores. Hay una cámara secreta donde saca con pala a las criaturas que él mismo ha destruido; una cámara baja cuyo suelo arde el infierno, y sobre cuyas tablas se siente el calor de ese horrible pozo. Podría corresponder a un médico, más que a mí, contar los horrores que muchos tienen que sufrir como resultado de sus iniquidades.

Eso se lo dejaré a ellos, pero permítanme decirle al despilfarrador extravagante que la pobreza que soportará es el resultado de su pecado de gastos y derroche extravagantes. También debe saber que el remordimiento de conciencia que se apoderará de él no es algo accidental que caiga por casualidad del cielo, sino que es el resultado de su propia iniquidad. Puedes estar seguro de que el pecado lleva una miseria infantil en sus entrañas, y tarde o temprano tendrá que dar a luz su terrible hijo. Si sembramos la semilla, debemos recoger la cosecha. Así permanece la ley de la casa del infierno: primero, el buen vino, luego, el peor (Juan 2:10).

Queda por presentar el último camino. Ustedes, hombres fuertes que se burlan de la advertencia que con gusto les daría con voz de hermano y corazón afectuoso, aunque con lenguaje directo, vengan aquí y beban de esta última copa. El pecador finalmente ha llegado a la tumba. Sus esperanzas y alegrías eran como oro metido en una bolsa llena de agujeros, y todas se han desvanecido, se han desvanecido para siempre, y ahora él ha llegado a su fin. Sus pecados lo persiguen. Sus transgresiones lo desconciertan. Está atrapado como un toro en una red, ¿y cómo escapará?

Muere y desciende de la enfermedad a la condenación. ¿Puede el mero lenguaje mortal intentar contarles los horrores de esa última y tremenda copa que los réprobos deben beber, y beber para siempre? Míralo: no puedes ver sus profundidades, pero sí echar un vistazo a su superficie hirviente. Oigo el ruido de las carreras de un lado a otro, y un sonido como de crujir de dientes y el gemido de almas desesperadas. *Echad al esclavo inútil a las tinieblas de afuera; allí será el llanto y el crujir de dientes (Mateo 25:30).*

Miro dentro de esa copa, y oigo una voz que sube desde lo profundo de ella: *Irán al castigo eterno* (Mateo 25:46), *porque Tofet está ordenado ayer para el rey de Babilonia, también está preparado; ha ahondado y ensanchado el montón de su fuego y mucha leña; el soplo del SEÑOR como arroyo de azufre la enciende* (Isaías 30:33). ¿Y qué dices de este último camino de Satanás? *¿Quién de nosotros habitará con el fuego devorador?* (Isaías 33:14).

¡Pecador degenerado, te ruego en nombre de Dios que te alejes de esta mesa! No seas tan descuidado con tus tazas. ¡No estés tan dormido, seguro en la paz que ahora disfrutas! ¡La muerte está a la puerta y la rápida destrucción le pisa los talones!

En cuanto a ustedes, que hasta ahora han sido restringidos por un padre cuidadoso y la vigilancia de una madre preocupada, les imploro que eviten la casa del pecado y la necedad. Deja que las palabras del sabio queden escritas en tu corazón y recuérdalas en la hora de la tentación. *Porque los labios de la mujer extraña gotean como panal de miel, y su boca es más suave que el aceite, pero su fin es amargo como ajenjo, agudo como espada de dos filos. Sus pies descienden hasta la muerte, sus pasos sostienen el Seol. Aleja de ella tu camino, y no te acerques a la puerta de su casa* (Proverbios 5:3-5, 8).

Capítulo 6

Los invitados moralistas

¿Ves esa otra mesa, ahí en medio del palacio? ¡Hay mucha gente relajada y feliz! Muchos de ustedes han pensado que nunca han asistido a la fiesta del infierno, pero hay una mesa para ustedes también. Está cubierta con un mantel blanco brillante y todos los vasos sobre la mesa son muy limpios y atractivos. El vino no se parece al vino de Gomorra, pero se mueve impecablemente, como el vino de las uvas de Eshcol. Parece no tener ninguna intoxicación. Es como el vino antiguo que prensaban de la uva a la copa, sin contener veneno mortal.

¿Ves a la gente que se sienta en esta mesa? ¡Qué satisfechos están! Pregúntales a esos malvados que sirven en la mesa y te dirán: "Esta es la mesa de los que se creen justos. El fariseo se sienta aquí. Quizás lo conozcas. Tiene su filacteria entre los ojos y el borde de su manto es sumamente ancho. Es uno de los mejores entre los mejores que dicen ser "cristianos" (Mateo 23:5).

"¡Ah!" Dice Satanás, mientras cierra el telón y cierra la mesa donde los réprobos están festejando. "Tranquilícense; no hagan demasiado ruido, o estos hipócritas mojigatos podrían darse cuenta de en qué compañía están. Estas personas moralistas son mis invitados tanto como tú, y los tengo con la misma seguridad". Entonces Satanás, como un ángel de luz, saca una copa dorada, que parece el cáliz de la mesa de la comunión. ¿Y qué vino contiene? Parece ser el vino mismo de la sagrada Eucaristía. Se llama el vino de la autosatisfacción y alrededor del borde se pueden ver las burbujas del orgullo. Mira la espuma que se hincha sobre el cuenco: *Dios, te doy gracias porque no soy como los demás hombres: ladrones, injustos, adúlteros, ni siquiera como este publicano* (Lucas 18:11).

¿Reconocen esa copa, mis lectores, que se engañan a sí mismos? ¡Oh, si conocieras la cicuta mortal que se mezcla allí! ¿Pecar como lo hacen otras personas? Tú no; ¡para nada! No vas a someterte a la justicia de Cristo. ¿Por qué necesitarías hacerlo? Eres tan bueno como tus vecinos. Crees que mereces ir al cielo. Tratas a todos de manera justa y no les mientes ni los engañas. Nunca has robado a nadie. Ayudas a tus vecinos. Eres tan bueno como otras personas.

Ésa es la primera copa que da el diablo. El buen vino te hace hincharte de dignidad engreída mientras sus vapores entran en tu corazón y lo hinchan con un orgullo repugnante. Sí, te veo sentado en la habitación que está tan limpiamente barrida y cuidadosamente adornada, y veo a las multitudes de tus admiradores de pie alrededor de la mesa, incluso a muchos de los propios hijos de Dios, que dicen: "Oh, ¡si yo fuera la mitad de bueno como tú!"

La misma humildad de los justos alimenta su orgullo. Espera un momento, hipócrita autoengañado; espera un poco, porque hay un segundo plato por venir. Satanás mira a sus invitados tan satisfecho como miró al grupo anterior de juerguistas. "¡Ah!" él dice. "Engañé a esa gente vivaz con la copa del placer. Después les di la aburrida copa de la autocomplacencia y también los he engañado a ustedes. Crees que estás bien, pero te he engañado dos veces. Realmente los he dejado en ridículo".

Entonces trae una taza que ni siquiera le gusta servir todo

el tiempo. Se llama la copa del descontento y la inquietud mental, y hay muchos que tienen que beberla después de toda su autosatisfacción. Ustedes que son muy buenos en su propia opinión, pero no tienen ningún interés en Cristo, ¿encuentran que cuando se sientan solos y comienzan a pensar en sus cuentas para la eternidad, de alguna manera no salen bien – que la balanza no se inclina exactamente hacia tu lado después de todo, como pensabas que sería? ¿No te has dado cuenta algunas veces de que cuando pensabas que estabas parado sobre una roca, había inestabilidad bajo tus pies? Escuchaste al cristiano cantar con valentía:

> Audaz estaré en ese gran día,
> ¿Quién pondrá algo a mi cargo?
> Totalmente a través de estos absuelto estoy
> del pecado y del miedo, de la culpa y la vergüenza.

Entonces has dicho: "Bueno, no puedo cantar eso. He sido el mejor miembro de iglesia que jamás haya existido. Rara vez dejé de ir a la iglesia durante todos estos años, pero no puedo decir que tenga una confianza sólida en Jesús y en la eternidad". Alguna vez tuviste la esperanza de la autosatisfacción, pero ahora ha llegado el segundo camino y no estás tan satisfecho.

Bueno", dice alguien más, "he estado en mi iglesia y me he bautizado. He hecho una profesión de fe, aunque nunca llegué a conocer al Señor con sinceridad y verdad. Alguna vez pensé que todo estaba bien para mí, pero ahora sé que necesito algo que no puedo encontrar". Ahora viene un temblor en el corazón. No es tan delicioso como supones construir sobre tu propia justicia. ¡Ah! Ese es el segundo curso.

Espera un poco, y tal vez en este mundo, pero ciertamente en la hora de la muerte, el diablo traerá la tercera copa: la copa de la consternación al descubrir tu condición perdida. ¡Cuántas personas que han sido moralistas toda su vida han descubierto al final que aquello en lo que habían puesto su esperanza les había fallado!

He oído hablar de un ejército que, al ser derrotado en batalla, intentó hacer una buena retirada. Con todas sus fuerzas, los soldados huyeron a cierto río donde esperaban encontrar un puente a través del cual pudieran retirarse y encontrar seguridad. Pero cuando llegaron al arroyo, oyeron un grito de terror: "¡El puente está roto, el puente está roto!". Ese grito fue en vano, porque la multitud que venía detrás presionó a los que iban delante, obligándolos a arrojarse al río, hasta que el arroyo se llenó de cuerpos de hombres ahogados.

Ése debe ser el destino de los moralistas. Pensaste que había un puente entre ceremonias y religión. Creías que el bautismo, la confirmación y la Cena del Señor constituían los sólidos arcos de un puente de buenas obras y deberes. Pero cuando llegues a morir, oirás el grito: "¡El puente está roto, el puente está roto!"

Entonces será inútil que te des la vuelta. La muerte te sigue de cerca y te obliga a seguir adelante, y descubres lo que es perecer por haber descuidado la gran salvación y haber intentado salvarte a ti mismo mediante tus propias buenas obras. *¿Cómo escaparemos si descuidamos una salvación tan grande?* (Hebreos 2:3 LBLA).

Este es el último plato excepto uno, y tu último plato de todos, el peor vino, tu porción eterna, debe ser el mismo que el de los malvados. Por muy bueno que creyeras ser, por cuanto rechazaste con orgullo a Cristo, debes beber la copa de vino de la ira de Dios, esa copa que está llena de temblor. Escritura: *Éste beberá del vino de la ira de Dios, que está derramado puro en el cáliz de su ira; y será atormentado con fuego y azufre delante de los santos ángeles y delante del Cordero; y el humo de su tormento sube por los siglos de los siglos* (Apocalipsis 14:10-11).

Los malvados de la tierra escurrirán los restos de esa copa y la beberán, y ustedes también deben beber de ella tan profundamente como ellos quieran. Escritura: *Porque la copa está en la mano del SEÑOR, y el vino es tinto; está lleno de mezcla; y él sirve del mismo; sí, sus heces se escurrirán y tragarán a todos los malvados de la tierra* (Salmo 75:8). ¡Oh, ten cuidado con el tiempo! Deja a un lado tus miradas orgullosas. *Humillaos, pues, bajo la poderosa mano de Dios* (1 Pedro 5:6). *Cree en el Señor Jesucristo y serás salvo* (Hechos 16:31).

Capítulo 7

Borracho con el mundo

Hasta ahora has escapado del látigo, pero hay una tercera mesa, repleta de los más honorables invitados. Creo que en esta mesa ha habido más príncipes y reyes, alcaldes y concejales y empresarios importantes sentados que en cualquier otra. Se llama la mesa de la mundanalidad. "¡No estoy de acuerdo!" alguien dice. "No me gustan los réprobos. Pensemos en mi hijo mayor. He trabajado duro toda mi vida para ahorrar dinero, y ahí está ese joven que no se quedará con el negocio. Se ha convertido en un verdadero réprobo. Me alegra mucho que el ministro haya hablado tan directamente sobre eso. En cuanto a mí, ¡ya está! No me importan en lo más mínimo tus personas moralistas. No me importan en absoluto. No me importa en absoluto el cristianismo. Quiero saber si los precios de las acciones suben o bajan o si existe la oportunidad de hacer un buen negocio, pero eso es lo único que me importa".

¡Ah, mundano! He leído acerca de un amigo tuyo que se vestía de escarlata y lino fino y comía lujosamente todos los días (Lucas 16:19). ¿Recuerdas lo que le pasó? Debes recordarlo, porque a ti te espera el mismo fin. Como terminó su fiesta, así terminará la tuya. Si tu dios es este mundo, encontrarás tu camino lleno de amarguras.

Mire ahora esa mesa del hombre mundano, la mera persona de este mundo que vive para ganar dinero. Satanás le trae una copa que fluye. "Ya está, joven", dice. "Estás empezando en el negocio. No es necesario que te preocupes por los convencionalismos de la honestidad ni por los pensamientos anticuados y corrientes sobre la religión cristiana. En lugar de eso, hazte rico lo más rápido que puedas. Consigue dinero, consigue dinero. Consíguelo honestamente si puedes, pero si no, consíguelo de todos modos", dice el diablo.

Pone una jarra y dice: "Hay una bebida espumosa para ti". "Sí", dice el joven, "ahora tengo abundancia. De hecho, mis esperanzas se han hecho realidad".

Aquí, pues, ves el primer y mejor vino del banquete del mundano, y muchos de ustedes están tentados a envidiar a este hombre. "¡Oh, si tuviera tal futuro en los negocios!" alguien dice. "No soy ni la mitad de inteligente que él. No podría lidiar como lo hace él. Mis creencias no me lo permitían; pero, ¡Qué rápido se enriquece! ¡Oh, si yo pudiera prosperar como él!

Ven, hermano mío, no juzgues antes de tiempo. Hay un segundo plato por venir: el trago espeso y nauseabundo de la preocupación y el descontento. El hombre tiene su dinero, pero los que quieren enriquecerse caen en tentación y lazo. La riqueza mal adquirida, mal utilizada o atesorada trae consigo un veneno que no daña el oro y la plata, pero envenena el corazón del hombre; y un corazón envenenado es una de las cosas más terribles que una persona puede tener.

¡Ah! Vea a esta persona que ama el dinero y note el cuidado que hay en su corazón. Hay una anciana pobre que vive cerca de su casa. No tiene más que una pequeña cantidad de dinero para vivir cada semana, pero dice: "¡Bendito sea el Señor, tengo suficiente!" Ella nunca pregunta cómo vivirá, cómo morirá o cómo será enterrada, sino que duerme dulcemente sobre la almohada del contentamiento y la fe; y aquí está este pobre tonto con un oro incalculable, pero se siente miserable porque se le cayó una moneda mientras caminaba por las calles, o porque un amigo lo obligó a hacer una donación extra a una organización benéfica, o tal vez gime porque piensa que necesita un abrigo nuevo.

Después de esto viene la codicia. Muchos han tenido que beber de esa copa. ¡Que Dios nos salve de sus gotas de fuego! Un gran predicador americano dijo:

La codicia engendra miseria. La visión de casas mejores que la nuestra, de ropa más allá de nuestras posibilidades, de joyas más costosas de las que podemos usar, de vehículos caros y de raras curiosidades fuera de nuestro alcance: todo ello genera la cría de víboras de pensamientos codiciosos, que irritan a los pobres que quieren ser ricos, y atormentando a los ricos que serían más ricos. El hombre codicioso anhela ver el placer, se entristece ante la presencia de la alegría, y la alegría del mundo es su tristeza porque toda la felicidad de los demás no es suya. No me sorprende que Dios lo aborrezca. Inspecciona su corazón como lo haría con una cueva llena de pájaros ruidosos o un nido de reptiles ruidosos, y detesta la vista de sus ocupantes rastreros. Para el hombre codicioso, la vida es una pesadilla y Dios le permite luchar con ella lo mejor que puede. Las riquezas podrían construir su palacio sobre tal corazón, y el placer podría traer allí toda su juerga.

Honra todas sus guirnaldas: serían como los deleites en un sepulcro y las guirnaldas en una tumba.

Cuando un hombre se llena de avaricia, todo lo que tiene es nada para él. "¡Más, más, más!" Dice, como unos pobres seres con una fiebre terrible que gritan: "¡Beben, beben, beben!", y les das de beber, pero después que la toman, su sed aumenta. *La sanguijuela tiene dos hijas, que se llaman Dar, dar. Hay tres cosas que nunca se sacian, sí, cuatro cosas que no dicen: Basta: el Seol; y el útero estéril; la tierra que no se llena de agua; y el fuego que nunca dice: Basta* (Proverbios 30:15-16).

Esta codicia y materialismo es una locura delirante que quiere tomar al mundo en sus brazos y, sin embargo, desprecia la abundancia que ya tiene. Esta es una maldición por la que muchos han muerto. Algunos han muerto con la bolsa de oro en las manos y con la miseria en la frente porque no pudieron llevársela al ataúd y no pudieron llevarla a otro mundo.

Luego viene el siguiente curso. Richard Baxter y aquellos viejos y poderosos predicadores solían imaginarse al avaro y al hombre que vivía sólo para ganar dinero como si estuvieran en medio del infierno. Se imaginaron a Mammón vertiendo oro derretido en sus gargantas. "Ahí", dicen los demonios burlones, "esto es lo que querías. Lo tienes ahora. ¡Bebe, bebe, bebe! y el oro fundido se derrama. Sin embargo, no me permitiré tales imaginaciones espantosas, pero una cosa sé: el que vive solo aquí debe perecer. El que pone sus afectos en las cosas de la tierra no ha cavado profundamente; ha construido su casa sobre la arena. Cuando descienda la lluvia y vengan las inundaciones, su casa se derrumbará, y grande debe ser su caída. *Todo el que oye estas palabras mías y no las hace, será semejante a un hombre necio, que edificó su casa sobre la arena; y descendió lluvia, y vinieron ríos, y soplaron los vientos y azotaron aquella casa, y cayó; y grande fue su caída* (Mateo 7:26-27).

Pero ante todo es el mejor vino. Es la persona respetable. Es respetable y respetado y todos lo honran. Pero después viene lo peor, cuando la depravación ha reducido su riqueza y la codicia a nublado su cerebro. Seguramente vendrá si alguna vez te entregas a la mundanalidad.

La cuarta mesa está colocada en un rincón muy apartado en una parte muy privada del palacio de Satanás. Allí está puesta la mesa para los pecadores secretos y allí se observa la antigua regla. En esa mesa, en una habitación bien oscura, veo a un joven sentado, y Satanás está sirviendo, interviniendo tan silenciosamente que nadie puede oírlo. Él trae la primera copa y ¡oh, qué dulce es! Es la copa del pecado secreto. *Dulces son las aguas robadas, y agradable el pan comido en secreto* (Proverbios 9:17).

¡Qué dulce es ese bocado, cómelo solo! ¿Hubo alguna vez uno que rodara con tanta delicadeza bajo la lengua?

Éste es el primero, y después introduce otro: el vino de una conciencia intranquila. Los ojos del hombre están abiertos. Él dice: "¿Qué he hecho? ¿Qué he estado haciendo? grita este Acán. "En la primera copa que me trajiste, vi un trozo de oro resplandeciente y un fino vestido babilónico, y pensé: 'Oh, ¿debo tener esto?' ¿Dónde puedo ponerlo? Debo cavar. Debo cavar tan profundo como el infierno antes de poder esconderlo, porque estoy seguro de que será descubierto.'" Cuando vi entre el botín un hermoso vestido babilónico y doscientos siclos de plata y un trozo de oro de cincuenta siclos de peso, entonces los codicié y los tomé; y he aquí, están escondidos en la tierra en medio de mi tienda, y el dinero debajo de ella (Josué 7:21).

El sombrío gobernador de la fiesta trae un enorme cuenco lleno de una mezcla negra. El pecador secreto bebe y queda confundido. Teme que su pecado lo descubra. Asegúrate de que tu pecado te alcance (Números 32:23). No tiene paz ni felicidad y está lleno de miedo inquietante. Tiene miedo de que lo detecten. Por la noche sueña que alguien lo persigue. Hay una voz que le susurra al oído y le dice: "Lo sé todo; Lo diré". Piensa, tal vez, que el pecado que ha cometido en secreto será dado a conocer a sus amigos, y entonces su padre lo sabrá y su madre se enterará. Para una persona así no hay descanso. Siempre tiene miedo de que lo atrapen. Es como el deudor del que leí que debía mucho dinero y temía que los alguaciles lo persiguieran. Un día se le enganchó la manga en lo alto de una valla y dijo: "Déjame ir. Tengo prisa. Te pagaré mañana", imaginando que alguien lo estaba agarrando. Tal es la posición en la que se coloca el hombre al participar de las cosas ocultas de la deshonestidad y el pecado. No encuentra descanso para la planta de su pie porque tiene miedo de ser atrapado. Por fin se da a conocer tu pecado. Es la última copa. A menudo sucede mientras estás en la tierra, porque puedes estar seguro de que tu pecado te alcanzará y, por lo general, te encontrará aquí.

¡Qué exhibiciones aterradoras pueden verse en nuestros tribunales de justicia por parte de personas que quedaron atrapadas en su pecado y han sido obligadas a beber el último trago fatídico de ser descubiertas! El hombre que presidía las reuniones religiosas, el hombre que era honrado como santo, por fin queda desenmascarado. ¿Y qué dice el juez? ¿Qué dice el mundo sobre él? Es una broma, un reproche y una reprensión en todas partes.

Sin embargo, supongamos que fuera tan astuto que pasara por la vida sin que su pecado fuera descubierto públicamente (aunque creo que eso es casi imposible). ¡Qué copa deberá beber cuando por fin comparezca ante el tribunal de Dios! "¡Sácalo, carcelero! ¡Terrible guardián del calabozo del infierno, saca al prisionero!

¡Él viene! El mundo entero está reunido. "¡Ponerse de pie! ¿No hiciste profesión de fe? ¿No pensaban todos que eras cristiano?" Está sin palabras, pero hay muchos en esa gran multitud que gritan: "Pensábamos que lo estaba". Se abre el libro y se leen sus hazañas. Transgresión tras transgresión quedan todas al descubierto. ¿Oyes ese bullicio? Los justos, movidos por la indignación, alzan la voz contra quien los engañó y habitó entre ellos como un lobo vestido de oveja.

¡Oh, qué terrible debe ser soportar el desprecio del universo! Los buenos pueden soportar el desprecio de los malvados, pero para los malvados soportar la vergüenza y el desprecio eterno que la justa indignación acumulará sobre ellos será una de las cosas más aterradoras, después de la eterna resistencia de la ira del Altísimo, lo que, no necesito agregar, es la última copa del terrible festín del diablo con el cual el pecador secreto debe ser llenado por los siglos de los siglos.

Capítulo 8

Pasando por el fuego

Mira la iniquidad arrasando por todas partes. Sus llamas son avivadas por todos los vientos de nuestra cultura. Constantemente aparecen nuevas víctimas. Se propaga a todas las clases de personas. Ni el palacio ni la choza están a salvo. Ni el elevado rascacielos ni la elegante iglesia brindan seguridad. La iniquidad, cuyo contagio es tan temible como el fuego, se propaga y ataca todas las cosas simples y comunes. Las cosas útiles y las sagradas no están exentas.

Debemos caminar a través del fuego. Nosotros, que somos testigos de Dios, debemos estar en medio de él para derramar corrientes de agua viva sobre el combustible ardiente, y si no podemos apagarlo, al menos debemos esforzarnos por evitar su propagación.

Veo ante mi mente los esqueletos ennegrecidos de cientos de excelentes profesiones de fe. En el valle de la tentación han perecido multitudes, multitudes de los que una vez, a todo juicio humano, iban camino del cielo y se habían presentado en la carne. ¡Cuántos también han caído bajo los ataques de Satanás! Este es un fuego que arde.

Mucha gente ha dicho: "Seré un peregrino", pero se encontraron con Apolión en el camino y dieron media vuelta. Muchas personas se han puesto la armadura, pero pronto abandonaron la batalla. Pusieron las manos en el arado, pero miraron hacia atrás. *Jesús le dijo: Ninguno que poniendo la mano en el arado mira hacia atrás, es apto para el reino de Dios* (Lucas 9:62).

Hay más columnas de sal que una. Si la esposa de Lot fuera un espécimen solitario, no sería tan malo, pero ha habido decenas de miles que, como ella, han mirado hacia las llanuras de Sodoma y, como ella, tal como son en espíritu, se han mantenido firmes para siempre como eran: almas perdidas. No debemos mirar nuestros peligros con desprecio. Son peligros. Son pruebas. Deberíamos considerar nuestras tentaciones como fuegos – ¡oh, son fuegos! Si crees que no son incendios, estás equivocado. Si entras, entonces, con tus propias fuerzas, diciendo: "Oh, podría manejarlos", descubrirás que son fuegos reales que, con lenguas bífidas, lamerán tu sangre y la consumirán en un instante si no tienes mejor salvaguardia que tu propio poder humano.

Cuando pases por el fuego, no te quemarás; ni la llama encenderá sobre ti (Isaías 43:2). Dr. Alexander, un eminente y admirable comentarista estadounidense, dice que parece haber algún error en la traducción, porque cree que las dos frases son un anticlímax. *No serás quemado, y luego sigue, ni la llama encenderá sobre ti.* Me sorprende, sin embargo, que en la segunda cláusula tengamos la gradación más alta de clímax. *No serás quemado hasta la destrucción de tu vida*, ni siquiera quemado para causarte el daño más superficial, porque las llamas no prenderán sobre ti.

Así como cuando los tres santos jóvenes salieron del horno de fuego, se dice que el fuego no tenía poder sobre sus cuerpos, ni un cabello de sus cabezas fue chamuscado, sus vestiduras exteriores parecían iguales y no olían en absoluto todos como humo o fuego (Daniel 3:27). Así que me parece que el texto enseña que la iglesia cristiana, bajo todas sus pruebas, no ha sido consumida; pero más que eso, no ha perdido nada con sus pruebas. La iglesia del Señor nunca ha sido destruida por sus perseguidores y sus pruebas. Han pensado que la aplastaron, pero aún vive. Habían imaginado que le habían quitado la vida, pero ella saltó con más fuerza que antes.

Supongo que no hay una nación de la cual la iglesia de Cristo haya sido expulsada por completo. Incluso España, que parecía haberlo logrado finalmente mediante las barbaridades más perseverantes, todavía encuentra que algunos creyentes son una espina clavada en su intolerancia. En cuanto a nuestra propia denominación, en el mismo país donde, mediante las más horribles masacres, se creía que la secta de los anabautistas había sido completamente extinguida, el Sr. Oncken se convirtió en el medio para revivirlo, de modo que, en toda Alemania, y en partes de Dinamarca, Prusia, Polonia e incluso la propia Rusia, surgimos hacia una existencia nueva, vigorosa e incluso maravillosa. En Suecia, donde, bajo un gobierno luterano, se han promulgado contra nosotros los edictos más persecutorios, nos hemos sorprendido al descubrir que de repente surgen iglesias, porque la verdad contiene una semilla viva que no debe ser destruida.

La iglesia no sólo no pierde su existencia, sino que tampoco pierde nada en absoluto. La iglesia nunca ha perdido su número. Las persecuciones la han aventado y ahuyentado la paja, pero ni un grano de trigo ha sido quitado del montón. No, ni siquiera en el compañerismo visible la iglesia ha disminuido por la persecución. Ella es como Israel en Egipto: cuanto más eran afligidos, más se multiplicaban (Éxodo 1:12).

Si un obispo era ejecutado, diez jóvenes se presentaban a la mañana siguiente ante el oficial romano y se ofrecían a morir, habiendo sido esa misma noche bautizados a causa del obispo muerto, habiendo hecho su confesión de fe para poder ocupar su puesto. "Ocuparé la vacante en la iglesia y luego moriré como él". Si una mujer era estrangulada o torturada públicamente, al día siguiente aparecían veinte mujeres, dispuestas a sufrir como ella sufría para poder honrar a Cristo.

¿Quemó la Iglesia de Roma en tiempos más recientes a uno de nuestros gloriosos reformadores, Juan Hus, y, sin embargo, Martín Lutero no se presentó como si las cenizas de Hus hubieran engendrado a Lutero? Cuando John Wycliffe falleció, ¿no ayudó el hecho mismo de que Wycliffe fuera perseguido a difundir sus doctrinas? ¿No se encontraron cientos de jóvenes que en cada ciudad comercial de Inglaterra leyeron las Escrituras de los lolardos y proclamaron su fe?

Puedes confiar en ello, y siempre será cierto: dale un mal nombre a un perro y lo colgarás; dale un mal nombre a un cristiano y lo honrarás. Simplemente dele a cualquier cristiano un nombre desagradable y en poco tiempo una denominación cristiana tomará ese nombre para sí y se convertirá en un título de honor.

Cuando a George Fox lo llamaban "cuáquero", era un nombre extraño, uno para reírse; pero los hombres de Dios que lo siguieron se llamaron también cuáqueros, y así perdió su oprobio. Llamaron metodistas a los seguidores de Whitefield y Wesley; tomaron el título de metodistas y se convirtió en una designación respetuosa.

Cuando muchos de nuestros antepasados bautistas, perseguidos en Inglaterra, fueron a América a buscar refugio, imaginaron que entre los puritanos tendrían un perfecto descanso, pero la libertad de conciencia puritana significaba el derecho y la libertad de pensar como ellos, pero no tolerancia hacia aquellos que diferían. Los puritanos de Nueva Inglaterra, tan pronto como un bautista apareció entre ellos, lo persiguieron con tan pocos recelos como los episcopales a los puritanos. Tan pronto como apareció un bautista, fue perseguido y llevado ante sus propios hermanos cristianos. Tenga en cuenta que fue criado para pagar una multa, prisión, confiscación y destierro ante los mismos hombres que habían sufrido persecución. ¿Cuál fue el efecto de esto? El efecto ha sido que, en Estados Unidos, donde fuimos perseguidos, somos el grupo más grande de cristianos. Donde el fuego ardía con más furia, allí se enseñaba la buena y antigua doctrina calvinista y el Bautista se convirtió en un Bautista más decididamente que en cualquier otro lugar, con la mayor pureza y la menor escoria. Tampoco, a pesar de todas las pruebas y persecuciones que nos han impuesto, alguna vez hemos perdido la firmeza de nuestro control sobre la doctrina fundamental por la cual nuestros antepasados mancharon el estanque bautismal con sangre, y nunca lo haremos.

Sobre toda la iglesia, al final, no habrá ni siquiera olor a fuego. La veo salir del horno. La veo avanzar colina arriba hacia su gloria final con su Señor y Maestro, y los ángeles miran sus vestiduras. No están hechos jirones. No, los colmillos de sus enemigos no han podido hacerles ni una sola lágrima. Se acercaron a ella; miran su cabello suelto y ven que no está crujiente por el calor. Le miran los pies y, aunque la han hecho caminar sobre las brasas, no tiene los pies ampollados. Sus ojos no han sido secados por el furor de la llama siete veces calentada (Daniel 3:19). Los fuegos la han hecho más hermosa, más hermosa, más gloriosa, pero no ha sido herida ni podrá serlo.

Diríjase, entonces, al cristiano individual y recuerde que la promesa es igualmente firme y firme para cada creyente. Cristiano, si eres verdaderamente un hijo de Dios, tus pruebas no pueden destruirte. Lo que es mejor aún, no puedes perder nada con ellas. Puede parecer que hoy has perdido, pero cuando llegue el momento de saldar la cuenta, no se descubrirá que has perdido nada debido a todas las tentaciones del mundo ni a todos los ataques de Satanás que has soportado. Al contrario, habrás ganado maravillosamente. Tus pruebas, habiendo trabajado paciencia y experiencia, te harán rico. Tus tentaciones, al haberte enseñado tu debilidad y haberte mostrado dónde reside tu fuerza, te harán fuerte. Incluso nos gloriamos en las tribulaciones, sabiendo que la tribulación produce paciencia; y la paciencia, experiencia; y la experiencia, esperanza; y la esperanza no será avergonzada, porque el amor de Dios es derramado en nuestros corazones por el Espíritu Santo que nos ha sido dado (Romanos 5:3-5).

Hay un hermano que ha tenido oleada tras oleada de aflicción. Todo va en su contra. Es un comerciante íntegro, honesto y trabajador, pero haga lo que haga, sus recursos se consumen como la nieve ante el sol. Parece que en cada uno de sus barcos el viento sopla en dirección contraria y donde otros ganan en un negocio, él lo pierde todo.

> Ve que cada día llegan nuevos estrechos,
> Y se pregunta dónde terminará la escena.

Cuando le hablé de caminar a través del fuego, dijo: "¡Ah! Eso es lo que he estado haciendo. He estado recorriéndolo estos meses. Sólo Dios y mi propia alma saben lo caliente que está el horno".

Hermano, lleva este texto a tu corazón: Cuando pases por el fuego, no te quemarás. Cuando todos tus problemas hayan terminado, aún quedarás en pie y, lo que es más, la llama no se encenderá sobre ti. Cuando llegue el momento de liquidar, no habrás perdido. Si bien piensas que has perdido mucho, cuando leas las Escrituras descubrirás que sólo perdiste sombras. Tus bienes siempre estuvieron seguros, depositados bajo la custodia de Cristo en el cielo. Verás que estas pruebas tuyas fueron lo mejor que te pudo haber pasado. Llegará el día en que dirás con David: Cantaré de misericordia y de juicio (Salmo 101:1), y antes que fuera humillado, entré en el error, pero ahora guardo tu palabra hablada (Salmo 119:67).

Quizás haya alguna mujer joven –y el caso que estoy a punto de pintar es muy común–, lamentablemente demasiado común en esta ciudad. Amas al Salvador, hermana mía, pero eres muy pobre y tienes que ganarte la vida con medios difíciles. Cuando sale el sol por la mañana, estás lista con esa aguja en la mano,

Coser de una vez con doble hilo;
Un sudario además de una camisa.

Durante todo el día apenas tienes tiempo para descansar para comer, y por la noche, cuando tienes los dedos cansados y los ojos pesados, tendrás que abstenerte de dormir porque la paga es tan pequeña que apenas puedes vivir de ella.

Conocemos a cientos de personas como ésta que siempre manifiestan nuestra compasión porque trabajan muy duro por salarios tan pequeños. Quizás tu madre esté muerta y tu padre no se preocupa por ti. Quizás sea un borracho y lamentarías encontrarlo en la calle. No tienes ayuda ni amigos. No quieres contarle a nadie tus problemas. No querrías aceptar nada si te ofrecieran caridad.

Piensas que es lo más difícil de todo ser tentado como lo eres. El camino hacia el camino de la abundancia, y hasta cierto punto para deleitarse, parece abierto para ti por el robo o algún otro pecado. Pero tú has dicho: "¡No, no!" y has aborrecido la tentación. Ustedes se han mantenido firmes en lo que es correcto. Sé cómo año tras año algunos de ustedes han luchado con la tentación y han luchado cuando a veces estaban casi muertos de hambre, pero no quisieron hacer esta gran maldad contra Dios. ¿Piensas, con José, cómo puedo yo cometer esta gran maldad y pecar contra Dios? (Génesis 39:9).

Mi hermana, ruego que tomes el aliento de las Escrituras para fortalecerte para las batallas futuras. Has pasado por los fuegos, pero aún no te has consumido, y doy gracias a Dios porque el olor del fuego no ha pasado sobre tus vestiduras. Aguanta, hermana mía, aguanta, a través de todo el dolor que tienes y a través de toda la amargura que es lo suficientemente pesada como para aplastar tu espíritu. Agárrate, porque tu Maestro te ve. Él te animará y fortalecerá y te hará más que un conquistador a través de todo al final. Bienaventurados los que lloran, porque ellos serán consolados (Mateo 5:4).

¡Cuán crueles son a veces los jóvenes mundanos con los jóvenes cristianos! Cruel, porque cuando hay una docena de hombres en el mundo y un solo cristiano, consideran honorable que la docena ataque a uno. Doce tipos grandes y altos a veces pensarán que es un juego divertido empujar a un niño más joven y burlarse de él. Se dice que hay honor entre los ladrones, pero parece que no hay honor alguno entre los mundanos cuando se encuentran con un joven cristiano.

Bueno, joven, lo has resistido. Has dicho: "Me callaré y no diré una palabra", a pesar de que tu corazón estaba caliente dentro de ti, y mientras estabas meditando, el fuego ardía (Salmo 39:3). Recuerda, el yunque no se rompe, aunque sigas golpeándolo, pero rompe todos los martillos. Tú debes hacer lo mismo. Solo agárrate, y estos fuegos no te consumirán. Si el fuego quemara tu piedad, solo demostraría que tu piedad no valía la pena. Si no soportas unas cuantas bromas y burlas, entonces no estás edificado junto a esa morada de Dios que Él ha hecho a prueba de fuego.

Persevera hasta el fin, y descubrirás que esta difícil situación, esta severa disciplina, te hizo mucho bien y te hizo un hombre mejor de lo que jamás hubieras sido si hubieras sido mecido suavemente en el regazo de la piedad y te hubieras mantenido alejado de la batalla. Más adelante en su vida, su alto y eminente puesto de utilidad podría deberse a la severa y dura disciplina a la que fue sometido en sus días de juventud. Es bueno para el hombre si lleva el yugo desde su juventud (Lamentaciones 3:27).

Tal vez le estoy hablando a alguien que se ha encontrado con la oposición de sus propios parientes impíos. Recuerden que Jesús dijo: He venido a echar fuego en la tierra; ¿Y qué es lo que deseo, sino que se encienda? Porque de ahora en adelante habrá cinco en una casa dividida: tres contra dos y dos contra tres (Lucas 12:49, 52).

Tal vez tu padre te haya amenazado, o lo que es aún más amargo, tal vez tu esposo te haya amenazado con dejarte. Ahora, en verdad, estás caminando a través de los fuegos. Se queja de tu piedad, se burla de todo lo que amas y hace todo lo posible por medio de la crueldad para romper tu corazón. Mi querida hermana en Cristo, no serás quemada por el fuego. Si la gracia está en tu corazón, el diablo no puede expulsarla, mucho menos puede expulsarla tu esposo. Si el Señor te ha llamado por Su gracia, todas las personas en la tierra y todos los demonios en el infierno no pueden revertir el llamado. Descubrirás al final que no has sufrido ninguna pérdida. La llama no se ha encendido sobre ti. Pasarás por el fuego y darás gracias a Dios por ello. Desde un lecho de muerte, o al menos a través de las puertas del paraíso, mirarás hacia atrás en el oscuro camino y dirás que estaba bien. "Fue bueno para mí tener que cargar con esa cruz, y ahora se me permite llevar esta corona".

Capítulo 9

Pereza

No puedes estar ocioso y tener la preciosa comunión de Cristo. Jesús camina rápidamente, y cuando su pueblo quiere hablar con él, también deben viajar rápidamente, o de lo contrario pronto perderán su compañía. Cristo, mi Maestro, anduvo haciendo el bien (Hechos 10:38), y si quieres caminar con Él, debes ir con la misma misión.

El todopoderoso amante de las almas no está dispuesto a estar en compañía de personas ociosas. Encuentro en las Escrituras que la mayoría de las grandes apariciones que se hicieron a santos eminentes se hicieron cuando estaban ocupados. Moisés guardaba el rebaño de su suegro cuando vio la zarza ardiente. Josué iba por la ciudad de Jericó cuando se encontró con El ángel del Señor. Jacob estaba en oración cuando El ángel de Dios se le apareció. Gedeón estaba trillando y Eliseo estaba arando cuando el Señor los llamó. Mateo estaba en la recepción de la aduana cuando fue llamado a seguir a Jesús. Santiago y Juan estaban pescando.

El maná que los hijos de Israel guardaban hasta la mañana engendraba gusanos y apestaba. La gracia ociosa pronto se convertiría en corrupción activa. Además, la pereza endurece la conciencia. Es uno de los hierros con los que se abrasa el corazón. Abimelec contrató a personas vanas y ligeras para promover su causa (Jueces 9:4), y el Príncipe de las Tinieblas hace lo mismo.

Oh amigos, es una cosa triste oxidar el borde de la mente y perder la agudeza de la percepción moral, pero la pereza seguramente hará esto por nosotros. David sintió el poder de la pereza para debilitarse. Estaba perdiendo la fuerza de su conciencia y estaba dispuesto a todo. Lo peor está a la vuelta de la esquina. Caminó sobre la azotea de la casa y vio el objeto que excitaba su lujuria. Mandó a buscar a la mujer, y el hecho se cumplió. Esto condujo a otro crimen. Él tentó a Urías, y eso lo llevó al asesinato, ya que Urías fue condenado a muerte. Entonces David tomó a la mujer de Urías. ¡Ah, David, David! ¡Cómo han caído los valientes! (2 Samuel 1:27). ¡Cómo ha caído el príncipe de Israel y se ha convertido en semejante a los viles que se alborotan al atardecer! A partir de este día, su sol se convierte en nubes, su paz da lugar al sufrimiento, y va a su tumba como un hombre afligido y atribulado que, aunque pudiera decir: Dios ha hecho un pacto eterno conmigo, sin embargo, tuvo que precederlo con esa sentencia tan significativa: ¿No será mi casa así para con Dios? (2 Samuel 23:5).

¿Hay alguien entre el pueblo del Señor que quiera [crucificar] de nuevo para sí mismo al Hijo de Dios y exponerlo a una vergüenza pública (Hebreos 6:6)? ¿Hay alguno que quiera vender a su Maestro, con Judas, o apartarse de Cristo, con Demas? Es fácil de lograr. Oh, dices que no podrías hacerlo. Ahora, tal vez, no pudieras, sino volverte perezoso, no pelear las batallas del Señor, y no solo te será fácil pecar, sino que seguramente también te convertirás en su víctima.

¡Oh, cuánto se deleita Satanás en hacer que el pueblo de Dios caiga en pecado, porque entonces él, por decirlo así, clava otro clavo en la mano sangrienta de Cristo! Es entonces cuando tiñe el fino lino blanco de la propia vestidura de Cristo. ¡Es entonces cuando se jacta de haber obtenido una victoria sobre el Señor Jesús y ha llevado cautivo a uno de los siervos del Maestro a su voluntad!

Oh, si no queremos hacer resonar el infierno con risas satánicas y hacer llorar a los hombres de Dios porque los cedros del Líbano han sido talados, velemos en oración y seamos diligentes en los asuntos de nuestro Maestro, fervientes en el Espíritu, sirviendo al Señor (Romanos 12:11).

David se salvó. Yo solo les hablo a ustedes que son salvos, y les ruego y les exhorto a que tomen nota de la caída de David, y de la ociosidad que había al principio de ella, como una advertencia para ustedes mismos. Algunas tentaciones llegan a los laboriosos, pero todas las tentaciones atacan a los ociosos. Fíjate en el invento que utilizaba la gente del campo para atrapar avispas. Pondrán un poco de líquido dulce en un frasco largo y de cuello estrecho. La avispa que no hace nada pasa, huele el líquido dulce, se sumerge y se ahoga. Pero la abeja pasa, y si se detiene un momento a oler, no entra, porque tiene miel propia para producir. La abeja está demasiado ocupada en el trabajo de la comunidad para complacerse con los tentadores dulces.

Richard Greenham, un clérigo puritano, fue atendido una vez por una mujer que dijo que a menudo era tentada a pecar. Al preguntarle sobre su forma de vida, descubrió que ella tenía poco que hacer, y Greenham dijo: "Ese es el secreto de que te sientas tan tentada. Hermana, si estás muy ocupada, Satanás puede tentarte, pero no prevalecerá fácilmente, y pronto abandonará el intento".

Los cristianos ociosos no son tentados por el diablo tanto como tientan al diablo para que los tiente a ellos. La ociosidad abre la puerta del corazón y le pide a Satanás que entre, pero si nos mantenemos ocupados desde la mañana hasta la noche, si Satanás entra, debe romper la puerta. Bajo la gracia soberana, y junto a la fe, no hay mejor escudo contra la tentación que no ser perezoso en el cuidado, sino ferviente en el Espíritu, sirviendo al Señor (Romanos 12:11).

Permítanme recordarles a aquellos que están haciendo poco por Cristo que ustedes no siempre fueron tan fríos como lo son ahora. Hubo un tiempo con David en que el sonido de la trompeta de guerra habría agitado su sangre y habría estado ansioso por la batalla. Hubo un día en que la mera visión de Israel reunido en formación habría hecho que David se volviera audaz como un león. ¡Oh, es una cosa triste ver al león cambiado de esta manera! ¡El héroe de Dios se queda en casa con las mujeres!

¿Dónde había un tiempo en que uno habría ido por encima de setos y zanjas para escuchar un sermón, y no le importaba estar de pie en los pasillos? Pero ahora los sermones son aburridos para algunos de ustedes, aunque tengan cojines blandos para sentarse. Solía ser que, si había una reunión de oración en el vecindario o una reunión de avivamiento, tú estabas allí. Ah, dices, eso fue un incendio forestal. ¡Bendito incendio forestal! Que el Señor te devuelva el fuego forestal, porque incluso si fue un incendio forestal, eso es mejor que no tener fuego en absoluto. Es mejor ser llamado fanático que merecer ser llamado zángano en la colmena de Cristo.

Capítulo 10

Fe

Un oficial de la marina cuenta la siguiente historia notable sobre el asedio de Copenhague bajo Lord Nelson. Un oficial de la flota dice: "Me impresionó especialmente algo que vi tres o cuatro días después del terrible bombardeo de ese lugar. Durante varias noches antes de la rendición, la oscuridad fue introducida por un tremendo estruendo de cañones y morteros, acompañado por el zumbido de esas máquinas de guerra destructivas y ardientes: los cohetes Congreve. Los terribles efectos pronto fueron visibles en las brillantes luces de toda la ciudad. Las casas en llamas de los ricos y las cabañas en llamas de los pobres iluminaban los cielos. Las llamas que se extendían, reflejándose en el agua, mostraban un bosque de barcos reunidos alrededor de la ciudad listos para su destrucción. Este trabajo de conflagración se prolongó durante varias noches, pero los daneses finalmente se rindieron.

"Unos días más tarde, mientras caminaba entre las ruinas, que consistían en las cabañas de los pobres, las casas de los ricos, los edificios manufactureros, los altos campanarios y los humildes centros de reuniones, noté, en medio de este campo estéril de desolación, una casa solitaria e ilesa. Todo a su alrededor era una masa quemada, pero sólo ésta no había sido tocada por el fuego, un monumento de misericordia. —¿De quién es esa casa? —pregunté. —Eso —dijo el intérprete— pertenece a un cuáquero. No luchó ni salió de su casa, pero permaneció en oración con su familia durante todo el bombardeo". Ciertamente, pensé, a los justos les va bien. Dios ha sido para ustedes un escudo en la batalla, un muro de fuego en derredor de ustedes, y un socorro muy presente en el tiempo de necesidad".

Esa historia puede parecer una invención mía, pero resulta ser una pieza de historia tan auténtica como cualquiera que se pueda encontrar.

Se cuenta otra historia algo similar de una guerra danesa. "Poco después de la rendición de Copenhague a los ingleses, en el año 1807, destacamentos de soldados estuvieron, durante un tiempo, estacionados en las aldeas circundantes. Sucedió un día que tres soldados, pertenecientes a un regimiento de las Tierras Altas, se dispusieron a buscar comida entre las granjas vecinas. Fueron a varios, pero los encontraron desnudos y abandonados.

"Al fin llegaron a un gran jardín, o huerto, lleno de manzanos, encorvados bajo el peso de la fruta. Entraron por una puerta y siguieron un camino que los llevó a una granja de buen aspecto. Todo fuera de la casa parecía indicar tranquilidad y seguridad, pero cuando entraron por la puerta principal, la señora de la casa y sus hijos salieron corriendo gritando por la parte de atrás.

El interior de la casa presentaba una apariencia de orden y comodidad superior a lo que podía esperarse de las personas de esa estación y de las costumbres del campo.

Un reloj colgaba al lado de la chimenea y una estantería pulcra, bien llena, atraían la atención del soldado más viejo. Tomó un libro. Estaba escrito en un idioma desconocido para él, pero el nombre de Jesucristo era legible en cada página. En ese momento, el dueño de la casa entró por la puerta por la que acababan de huir su mujer y sus hijos. Uno de los soldados, con señas amenazantes, exigió provisiones. El hombre se mantuvo firme e impávido, y negó con la cabeza. El soldado que sostenía el libro se acercó a él y, señalando el nombre de Jesucristo, le puso la mano en el corazón y miró al cielo. Al instante, el granjero agarró su mano, la estrechó apasionadamente y luego salió corriendo de la habitación. Pronto regresó con su esposa e hijos, cargado de leche, huevos, tocino, etc., que le fueron dados libremente.

Cuando se ofrecía dinero a cambio, al principio se negaba, pero como dos de los soldados eran hombres piadosos, ellos, para disgusto de su compañero, insistieron en pagar todo lo que recibían.

"Al irse, los piadosos soldados le hicieron saber al labrador que le convendría esconder su reloj, pero con las señas más expresivas, les hizo entender que no temía ningún mal, porque su confianza estaba en Dios, y que, aunque sus vecinos a su derecha y a su izquierda habían huido de sus casas, y había perdido lo que no podían quitar debido a los grupos de soldados que buscaban comida, ni un cabello de su cabeza había sido herido, ni siquiera había perdido una manzana de sus árboles".

El hombre sabía que todos los que tomaran la espada perecerían a espada (Mateo 26:52), así que simplemente probó el principio de la fe, y Dios, en quien puso toda su confianza, no permitiría que le hicieran daño.

Fue algo extraordinario que, en la masacre de los protestantes en Irlanda, hace mucho tiempo, hubiera miles de cuáqueros en el país, y solo dos de ellos fueron asesinados, y esos dos no tenían fe en sus propios principios. Uno de ellos huyó y se escondió, y el otro guardó armas en su casa. Los demás, desarmados, caminaron en medio de soldados enfurecidos, tanto católicos romanos como protestantes, y nunca fueron tocados, porque eran fuertes en la fuerza del Dios de Israel. Habían metido su espada en su vaina, sabiendo que la guerra contra otro no puede ser justa, ya que Cristo ha dicho: No resistas con el mal, sino que cualquiera que te hiera en la mejilla derecha, vuélvele también la otra (Mateo 5:39).

Sabían que Jesús había dicho que fueran amables, no solo con los agradecidos, sino también con los ingratos y con los malos (Lucas 6:35), y que amaran a sus enemigos, bendijeran a los que los maldicen, hicieran el bien a los que los odian, y oraran por los que hablan mal de ustedes y los persiguen (Mateo 5:44). Nos da vergüenza hacerlo. No nos gusta. Tenemos miedo de confiar en Dios, y hasta que no lo hagamos, no conoceremos la majestad de la fe ni probaremos el poder de Dios para nuestra protección. Alma mía, descansa solo en Dios, porque de él viene mi esperanza (Salmo 62:5).

Capítulo 11

¡Despierta, oh Durmiente!

El sueño del cuerpo es don de Dios. Eso dijo Homero en la antigüedad, cuando lo describió como descendiendo de las nubes y descansando en las tiendas de los guerreros alrededor de la antigua Troya. Así cantó Virgilio cuando habló de Palinuro quedándose dormido en la proa del barco. Dormir es el regalo de Dios. Pensamos que apoyamos la cabeza sobre la almohada, colocamos el cuerpo en una postura tranquila y luego, natural y necesariamente, dormimos. Pero no es así. Dormir es el regalo de Dios. Ninguna persona cerraría los ojos si Dios no le pusiera los dedos en los párpados. Ninguna persona se quedaría dormida si el Todopoderoso no enviara una influencia suave y tranquila sobre su cuerpo que adormeciera sus pensamientos y los hiciera entrar en ese maravilloso estado de reposo que llamamos sueño. Es cierto que existen algunos narcóticos mediante los cuales la gente puede envenenarse casi hasta la muerte y luego llamarlo sueño, pero el sueño de un cuerpo sano es un don de Dios. El Señor del amor lo otorga. Su ternura nos mece la cuna cada noche. Su bondad corre la cortina de oscuridad a nuestro alrededor y dirige el sol para que cubra su lámpara resplandeciente. El amor viene y dice: "Duerme dulcemente, hija mía; Te doy sueño".

¿No has sabido lo que es a veces tumbarse en la cama y tratar en vano de conciliar el sueño? Como se dice de Darío, así se puede decir de ti, que envió por sus músicos, pero el sueño se le escapó (Daniel 6:18). Has intentado apoderarte del sueño, pero se te ha escapado. Cuanto más intentabas dormir, más seguramente estabas despierto. Está fuera de nuestras posibilidades adquirir un descanso saludable. Piensas que si fijas tu mente en un determinado tema hasta que retenga toda tu atención, entonces dormirás, pero te encuentras incapaz de hacerlo. Diez mil cosas pasan por tu cerebro como si toda la tierra girara ante ti. Ves todo tipo de cosas bailando en salvaje confusión ante tus ojos. Cierras los ojos, pero aún ves, y hay cosas en tus oídos, en tu cabeza y en tu cerebro que no te dejarán encontrar descanso. El sueño ha abandonado la cama en la que buscabas su poder.

Es sólo Dios quien da sueño al niño y descanso al monarca, porque incluso con todo su poder y riqueza, el rey no podía dormir sin la ayuda de Dios, sino que se revolvía de un lado a otro y envidiaba a su sirviente, a quien el puro cansancio se convertía en el amigable administrador del sueño. Es Dios quien empapa la mente en Leteo y nos proporciona sueño para que nuestros cuerpos se renueven, para que podamos levantarnos renovados y fortalecidos para el trabajo de mañana.

¡Qué agradecidos deberíamos estar por dormir! El sueño es el mejor médico que conozco. El sueño ha curado más dolores de cabezas, corazones y huesos cansados que los médicos más eminentes de la tierra. Es la mejor medicina. Es el más fino de todos los nombres que están escritos en todas las listas de la farmacia. Ninguna mezcla mágica del médico puede igualar el sueño.

¡Qué misericordia es que sea de todos por igual! Dios no hace que el sueño sea una ayuda sólo para los ricos o los nobles para que puedan monopolizarlo como un lujo peculiar para ellos mismos, sino que lo concede a los más pobres y oscuros.

Si hay alguna diferencia, *dulce es el sueño del siervo, coma mucho o poco, pero la abundancia del rico no le permitirá dormir* (Eclesiastés 5:12). El que más trabaja, duerme mejor por su trabajo. Mientras que el manjar lujoso no puede descansar, moviéndose de un lado a otro sobre un lecho de plumas, el trabajador fuerte, con sus miembros fuertes y poderosos, gastados y cansados, se arroja en su duro lecho y duerme - y cuando despierta, gracias a Dios que ha sido renovado.

No sabes cuánto le debes a Dios por darte descanso en las noches. Si tuvieras noches sin dormir, entonces valorarías la bendición. Si durante semanas estuvieras dando vueltas en tu cama cansado, entonces agradecerías a Dios por este favor. Como el sueño es un designio misericordioso de Dios, es un regalo muy preciado, uno que no puede ser valorado hasta que nos lo quitan, e incluso entonces, no podemos apreciarlo como deberíamos.

El salmista dice que hay algunas personas que son tan necias que se niegan a dormir. Con fines de lucro o ambición, se levantan temprano y se quedan hasta tarde. *En vano te es levantarte temprano, llegar tarde a casa, comer el pan de dolores, porque a su amado le dará el sueño* (Salmo 127:2). Es posible que hayamos sido culpables de lo mismo. Nos hemos levantado temprano en la mañana para leer sobre un nuevo método de negocio. Nos hemos sentado de noche hasta que hemos visto salir el sol. Mientras nos dolían los ojos, nuestro cerebro vibraba y nuestro corazón palpitaba. Hemos estado cansados y agotados. Nos hemos levantado temprano y nos hemos quedado hasta tarde, y de esa manera hemos llegado a comer el pan de dolores por la mala salud y el ánimo deprimido. Muchos de ustedes, empresarios, trabajan de esa manera. No te condenamos por ello. No prohibimos madrugar y trasnochar, pero les recordamos este texto: *En vano os es levantaros temprano, y llegar tarde a casa, para comer el pan de dolores, porque a su amado le dará el sueño.*

El sueño es frecuentemente usado en mal sentido en la Palabra de Dios para expresar la condición de los hombres carnales y mundanos. Algunas personas tienen el sueño de la comodidad carnal y la pereza, de los cuales Salomón nos dice que son hijos imprudentes que se adormecen en la cosecha, causando vergüenza. *El que recoge en el verano es hijo sabio, pero el que duerme en la siega es hijo avergonzado* (Proverbios 10:5). *La cosecha pasó, el verano terminó y no somos salvos* (Jeremías 8:20).

El sueño a menudo expresa un estado de ociosidad, muerte e indiferencia en el que se encuentran todos los impíos, según las palabras: *Ya es hora de despertarnos del sueño* (Romanos 13:11), *y No durmamos, como lo hacen otros; pero velemos y seamos sobrios* (1 Tesalonicenses 5:6).

Hay muchos que duermen el sueño del perezoso, que se revuelven en el lecho de la ociosidad. Sin embargo, les espera un terrible despertar cuando descubran que han desperdiciado el tiempo de sus pruebas. Las arenas doradas de sus vidas han caído desatendidas del reloj de arena y han venido a ese mundo donde no se realizan actos de perdón, ni esperanza, ni refugio, ni salvación.

En otros lugares se encuentra el sueño utilizado como figura de seguridad carnal, en la que tantos se encuentran. Mira a Saúl, dormido en seguridad carnal. No es como David, que dijo: *En paz y en sueño me acostaré; porque sólo tú, oh JEHOVÁ, me haces estar confiado* (Salmo 4:8). Abner, capitán del ejército de Saúl, estaba allí, y toda la tropa estaba echada a su alrededor, pero Abner dormía. ¡Duerme, Saúl! ¡Duerme! Abisay estaba cerca y con una lanza en la mano dice: Te ruego que te permita herirlo con la lanza y clavarlo en tierra de una vez (1 Samuel 26:8). Aún así duerme. ¡No sabe que está al borde del sueño eterno!

Así es como muchos de ustedes están durmiendo poniendo en peligro sus almas. Satanás está sobre ustedes, la ley está lista para herirlos y la venganza está preparada. Incluso la Providencia parece decir: "¿Le heriré? Lo golpearé sólo esta vez y nunca más despertará". Jesús interviene y grita: "¡Aún no, venganza, conténtete!" ¡Incluso ahora la lanza tiembla! "¡Aún no! Ahorra al que duerme un año más con la esperanza de que aún pueda despertar de este largo sueño del pecado".

Como Sísara, te digo, pecador, que estás durmiendo en la tienda del destructor (Jueces 4). Puede que hayas comido un plato real, pero estás durmiendo a las puertas del infierno. Incluso ahora el enemigo está levantando el martillo y el clavo para golpearte en las sienes y fijarte a la tierra para que puedas yacer para siempre en esa muerte de tormento eterno que es mucho peor que la muerte común.

También está el sueño de la negligencia, como el que tuvieron las vírgenes insensatas, cuando se dice: Todas se adormecieron y durmieron (Mateo 25:5). Está el sueño de la tristeza que venció a Pedro, Santiago y Juan en el huerto de Getsemaní (Mateo 26). Pero ninguno de estos son regalos de Dios. Resultan de la fragilidad de nuestra naturaleza. Vienen sobre nosotros porque somos gente caída. Se apoderan de nosotros porque somos hijos de un padre perdido y arruinado. Estos sueños no son regalos de Dios, ni Él los otorga a Su amado.

Capítulo 12

Oración de un posadero

Se dice que Rowland Hill una vez tuvo que pasar la noche en un pueblo donde no había otra casa para quedarse que una taberna. Teniendo un par de caballos para alimentar, y entrando en la mejor habitación de la posada, fue considerado como un huésped valioso para la noche. Así que el anfitrión entró y dijo: "Me alegro de verlo, señor Hill".

"Voy a quedarme contigo esta noche", fue la respuesta. "¿Me permitirías tener oración familiar esta noche en esta casa?"

—Nunca he tenido aquí una oración familiar —dijo el casero—, y no quiero tenerla ahora.

—Muy bien; Entonces tráeme mis caballos. No puedo quedarme en una casa donde no le oren a Dios. Saca los caballos.

Siendo un huésped demasiado bueno para perderlo, el hombre lo pensó mejor y prometió hacer oración familiar. —Ah —dijo Hill—. "No tengo la costumbre de dirigir la oración en las casas de otras personas. Debes llevarlo a cabo tú mismo".

El hombre dijo que no podía orar. —Pero tienes que hacerlo —dijo Rowland Hill—.

"Oh, pero nunca he orado".

"Entonces, mi querido hombre, comenzarás esta noche", fue la respuesta.

Llegó el momento y los miembros de la familia estaban de rodillas.

—Ahora —dijo Rowland Hill—, cada hombre ora en su propia casa. Debes ofrecer oración esta noche".

"No puedo orar. ¡No puedo!", dijo el casero.

—¿Qué, hombre? Has tenido todas estas misericordias hoy, ¿y eres tan ingrato que no puedes agradecer a Dios por ellas? Además, ¡qué malvado pecador has sido! ¿No puedes decirle a Dios lo pecador que has sido y pedirle perdón?"

El hombre comenzó a llorar: "No puedo orar, señor Hill. No puedo, de hecho, no puedo".

"Entonces dile al Señor, hombre, que no puedes. Dile que no puedes orar —dijo el señor Hill—, y pídele que te ayude.

El pobre posadero cayó de rodillas. "Oh Señor, no puedo orar. Ojalá pudiera".

—¡Ah! Has comenzado a orar", dijo Rowland Hill. "Ustedes han comenzado a orar, y nunca dejarán de orar. Tan pronto como Dios te haya puesto a orar, por débil que sea tu oración, nunca dejarás de orar. Ahora oraré por ti".

Y así lo hizo, y no pasó mucho tiempo antes de que el Señor se complaciera, a través de ese extraño método, en quebrantar el duro corazón del propietario y llevarlo a Cristo. Si alguno de ustedes no puede orar, dígale al Señor que no puede. Pídele que te ayude a orar. Pídele que te muestre tu necesidad de ser salvo, y si no puedes orar, pídele que te dé todo lo que necesitas. Cristo hará el mensaje, así como tomará el mensaje. Él pondrá Su propia sangre sobre tu oración, y el Padre enviará el Espíritu Santo a ti para darte más fe y más confianza en Cristo

Capítulo 13

Castigo de los malhechores

Hace algún tiempo, una excelente dama quiso hablar conmigo, con el objeto, como ella dijo, de ganar mi apoyo sobre el tema de la pena capital. Escuché las excelentes razones que expuso en contra de ahorcar a las personas que habían cometido asesinato, y aunque no me convencieron, no busqué replicarles. Ella sugirió que cuando alguien cometía asesinato, debería ser encarcelado de por vida. Le dije que muchos hombres que habían estado encarcelados la mitad de sus vidas no eran un poco mejores por ello. En cuanto a su creencia de que necesariamente serían llevados al arrepentimiento, temía que solo fuera un sueño.

"¡Ah!", exclamó ella, con el alma buena que era. "Eso se debe a que todos nos hemos equivocado con los castigos. Castigamos a las personas porque creemos que merecen ser castigadas. Debemos demostrarles", dijo, "que los amamos, que solo los castigamos para hacerlos mejores".

—En efecto, señora —dije—, he oído esa teoría muchas veces, y he visto muchos escritos sobre el asunto, pero no creo en ella. El diseño del castigo debe ser el cambio, pero la base del castigo radica en la culpa positiva del ofensor. Creo que cuando un hombre hace el mal, debe ser castigado por ello, y que hay una culpa en el pecado que justamente merece castigo".

—¡Oh, no! Ella no podía verlo. El pecado era algo muy malo, pero el castigo no era una idea adecuada. Pensaba que las personas eran tratadas con demasiada crueldad en la cárcel y que había que enseñarles que las amamos. Si se les trataba con amabilidad en la cárcel y se les trataba con ternura, crecerían mucho mejor, estaba segura.

Con el fin de interpretar su propia teoría, le dije: "Supongo, entonces, que usted daría a los criminales toda clase de indulgencias en la cárcel. Algún vagabundo malvado que ha cometido un robo docenas de veces... supongo que le dejarías sentarse en un sillón por la noche ante un buen fuego, le mezclarías un vaso de alcohol y agua, le darías su pipa y lo harías feliz para demostrarle cuánto lo amamos.

—Bueno, no —dijo ella—. "No le daría el alcohol, pero aún así, todo lo demás le haría bien".

Pensé que era sin duda una imagen encantadora. Me pareció el método más prolífico de cultivar criminales y personas deshonestas que el ingenio podía inventar. Me imagino que podrías hacer crecer cualquier número de ladrones de esa manera. Sería un medio especial para propagar toda clase de crímenes y maldades. Estas teorías tan deliciosas, para una mente tan sencilla como la mía, eran fuente de mucha diversión. La idea de mimar a los criminales y tratar sus crímenes como si fueran las caídas de los niños me hizo reír a carcajadas. Imaginé que podía imaginar al gobierno entregando sus funciones a estas excelentes personas, junto con los magníficos resultados de sus maravillosamente amables experimentos. La espada del magistrado se transformaría en una cuchara para comer, y la cárcel se convertiría en un dulce refugio para las reputaciones heridas.

Sin embargo, poco pensé que viviría para ver este tipo de cosas enseñadas en los púlpitos. No tenía idea de que habría pastores que derribarían el gobierno moral de Dios desde el aspecto solemne en el que las Escrituras lo revelan, a un sentimentalismo cobarde que adora a una deidad desprovista de toda virtud masculina.

Nunca sabemos hoy lo que ocurrirá mañana. Hemos vivido para ver a un cierto tipo de persona -gracias a Dios que no son bautistas, aunque lamento decir que hay muchos bautistas que están empezando a seguir su estela- que buscan enseñar hoy en día que Dios es un Padre universal y que nuestras ideas de Él tratando al impenitente como un Juez, y no como un Padre, son restos de un error pasado de moda. El pecado, según estas personas, es un desorden más que una ofensa, un error más que un crimen. El amor es el único atributo que pueden discernir, y no han conocido a la Deidad completa.

Algunos de estos hombres se abren camino muy lejos en los pantanos y el fango de la falsedad, hasta que nos informan que el castigo eterno debe ser ridiculizado como un sueño. De hecho, ahora aparecen libros que nos enseñan que no existe tal cosa como el sacrificio vicario de nuestro Señor Jesucristo, que Jesús no murió en nuestro lugar. Usan la palabra expiación, es cierto, pero en cuanto a su significado han eliminado el antiguo hito. Reconocen que el Padre ha mostrado su gran amor al pobre hombre pecador al enviar a su Hijo, pero no que Dios fue inflexiblemente justo en la demostración de su misericordia ni que castigó a Cristo en nombre de su pueblo. No reconocen que Dios castigará a nadie en su ira o que existe tal cosa como la justicia aparte de la disciplina. Incluso el pecado y el infierno no son más que viejas palabras para ellos, usadas ahora en un sentido nuevo y alterado. Ellos las llaman nociones anticuadas, y dicen que nosotros, pobres almas que seguimos hablando de la elección y de la justicia imputada, estamos atrasados.

A menudo he pensado que la mejor respuesta para todas estas nuevas ideas es que el verdadero evangelio siempre se predicó a los pobres. A los pobres se les predica el evangelio (Mateo 11:5). Estoy seguro de que los pobres o los ricos nunca aprenderán el evangelio de estos nuevos ministros, porque no pueden sacarle ni la cabeza ni la cola. Después de haber leído uno de sus volúmenes, no tienes la menor idea de lo que trata el libro hasta que lo has leído ocho o nueve veces, y entonces comienzas a pensar que eres un ser muy estúpido por haber leído alguna vez una herejía tan elaborada, porque te agria el temperamento y te hace sentir enojado al ver las preciosas verdades de Dios pisoteadas.

Algunos de nosotros debemos oponernos a estos ataques a la verdad, aunque no amemos la controversia. Nos regocijamos en la libertad de nuestros semejantes y queremos que proclamen sus convicciones, pero si tocan estas cosas preciosas, tocan a la niña de nuestros ojos. Podemos permitir mil opiniones en el mundo, pero aquellas que infringen la preciosa doctrina de un pacto de salvación a través de la justicia imputada de nuestro Señor Jesucristo, contra eso debemos, y lo haremos, entrar en nuestra ferviente y solemne protesta, mientras Dios nos perdone. Quítennos una vez esas gloriosas doctrinas, ¿y dónde estamos, hermanos? Podemos acostarnos y morir, porque no queda nada por lo que valga la pena vivir. Si descubrimos que estas doctrinas no son ciertas, hemos llegado al valle de sombra de muerte. Si estas cosas no son las verdades de Cristo, si no son verdaderas, no le queda consuelo a ningún pobre hombre bajo el cielo de Dios, y sería mejor que nunca hubiéramos nacido.

Puedo decir lo que dice Jonathan Edwards:

"Si algún hombre pudiera refutar las doctrinas
del evangelio, entonces debería sentarse y llorar
para pensar que no son verdaderas, porque sería
la calamidad más espantosa que podría sucederle
al mundo, tener un vislumbre de tales verdades, y

luego que se desvanecieran en el aire enrarecido de la ficción. como si no tuvieran nada sustancial en ellos".

Defiende la verdad de Cristo. No quiero que seas intolerante, pero sí quiero que tengas creencias inquebrantables. No apoyen nada de esta basura y error que está yendo al extranjero, pero manténganse firmes. No os apartéis de vuestra firmeza por ninguna pretensión de intelectualidad y alta filosofía, sino perseverad fervientemente en la fe que fue dada una vez a los santos (Judas vers. 3), y retened la forma de sanas palabras que habéis oído de nosotros (2 Timoteo 1:13), y que se os ha enseñado, tal como habéis leído en la Biblia: que es el camino de la vida eterna.

Capítulo 14

Vida invaluable

Una vez, cuando Rowland Hill estaba predicando, Lady Ann Erskine pasó por allí. Le preguntó al cochero para qué estaba allí toda la gente. Él respondió: "Van a escuchar a Rowland Hill".

Bueno, ella había oído hablar mucho de este extraño hombre, considerado como el más salvaje de los predicadores, y por eso se acercó. Tan pronto como Rowland Hill la vio, le dijo a la multitud: "Vengan. Voy a hacer una subasta. Voy a vender a lady Ann Erskine. Ella, por supuesto, se detuvo, y se preguntó cómo se iba a deshacer de ella. Rowland Hill desempeñó el papel de subastador y postor:

"¿Quién la comprará? Aquí viene el mundo a pujar. ¿Qué vas a dar por ella?

"Le daré todo el esplendor y las vanidades de esta vida presente; Ella será una mujer feliz aquí. Será muy rica, tendrá muchos admiradores y pasará por este mundo con muchas alegrías".

"No puedes tenerla. Su alma es una cosa eterna. Es un mal precio el que estás ofreciendo. Solo estás dando un poco. Como dice en Marcos 8:36, ¿de qué le servirá si gana el mundo entero y pierde su propia alma?"

"Aquí viene otro comprador, aquí está el diablo. ¿Qué vas a dar por ella?

"Bueno", dice él, "la dejaré disfrutar de los placeres del pecado por un tiempo. Ella se entregará a todo lo que su corazón se proponga. Lo tendrá todo para deleitar la vista y el oído. Ella se entregará a todos los pecados y vicios que puedan dar un placer temporal".

"¡Ah, Satanás! ¿Qué harás por ella para siempre? No puedes tenerla, porque yo sé lo que eres. Darías un precio exiguo por ella y luego destruirías su alma por toda la eternidad".

"Pero aquí viene otro. Yo lo conozco, es el Señor Jesús. ¿Qué vas a dar por ella?

"Él dice: 'No es lo que voy a dar; es lo que yo he dado. Yo he dado Mi vida. He dado mi sangre por ella. La he comprado por precio, y le daré el cielo por los siglos de los siglos. Le daré gracia en su corazón ahora y gloria por toda la eternidad'".

"Oh Señor Jesucristo, Tú la tendrás. Lady Ann Erskine, ¿se opone usted al trato? La tomó completamente desprevenida. No había respuesta que se pudiera dar.

"Está hecho", dijo. "Está hecho. Ustedes son del Salvador. A él te he desposado; Nunca rompas ese contrato".

Y nunca lo hizo. A partir de ese momento, de ser una mujer alegre e inconsecuente, pasó a ser una de las personas más serias y una de las mayores defensoras de la verdad del Evangelio en aquellos tiempos. Murió con la esperanza gloriosa y cierta de entrar en el reino de los cielos. Quienquiera que esté dispuesto a tener a Cristo, Cristo está dispuesto a tenerlo a él.

Capítulo 15

No hay excusa para la ignorancia

A cada persona en su llamado se le predica un sermón. El granjero tiene mil sermones. No necesita avanzar ni un centímetro sin escuchar al Señor invitándolo a la justicia, porque toda la naturaleza que lo rodea tiene una lengua, cuando el hombre tiene oído para oír.

Hay otros, sin embargo, que se dedican a trabajos que no les permiten ver mucho de la naturaleza, pero incluso allí Dios les ha dado una lección. Está el panadero que nos proporciona nuestro pan. Mete el combustible en el horno, lo hace arder con calor y pone allí pan. Si es una persona impía, bien debería temblar mientras está junto a la boca del horno, porque hay un texto que debe considerar mientras está allí. *Llega el día que arderá como un horno; y todos los soberbios y todos los que hacen maldad serán hojarasca* (Malaquías 4:1). Serán consumidos. El panadero también debe considerar esto: El *que no permanece en mí será arrojado como rama mala y se secará, y serán recogidos y echados en el fuego y quemados* (Juan 15:6). De la boca del horno sale una advertencia caliente y ardiente, y el corazón del panadero podría derretirse como cera dentro de él si tan sólo lo considerara.

Entonces ve al carnicero. ¿Cómo le habla la bestia? Ve al cordero casi lamer su cuchillo y el novillo va inconsciente al matadero. ¡Cómo podría pensar cada vez que golpea al animal inconsciente, que no sabe nada de la muerte, en su propia perdición! ¿No estamos todos los que estamos sin Cristo, preparados para la matanza? ¿No somos más tontos que el buey, porque el malvado no sigue a su verdugo y camina tras su propio destructor hasta las mismas cámaras del infierno? Cuando vemos a un borracho persiguiendo su borrachera, o a un hombre sin principios corriendo por el camino de la inmoralidad, ¿no es como un buey que va al matadero, hasta que un dardo le atraviesa el hígado (Proverbios 7:22-23)? ¿No ha afilado Dios Su cuchillo y preparado Su hacha para que los animales gordos de esta tierra puedan ser sacrificados y las aves del cielo y las bestias del campo se deleiten con los muertos (Ezequiel 39:4; Jeremías 7:33)? Sí, carnicero, hay un sermón para ti en tu oficio, y tu negocio puede reprochártelo.

A ti, cuyo oficio es estar sentado todo el día, haciendo zapatos para nuestros pies, la piedra en tu regazo puede reprocharte, porque tu corazón, tal vez, sea tan duro como eso. ¿No has sido herido tan a menudo como tu piedra angular y, sin embargo, tu corazón nunca ha sido quebrantado ni derretido? ¿Qué te dirá el Señor al final, cuando tu corazón de piedra todavía esté dentro de ti? Él te condenará y te rechazará porque no has prestado atención a ninguna de sus reprensiones y no has vuelto a la voz de su exhortación.

Que el cervecero recuerde que, a medida que elabora cerveza, debe beber. Que tiemble el alfarero para no quedar como un vaso estropeado en el torno. Que el impresor preste atención a que su vida esté escrita en tipos celestiales y no en la letra negra del pecado. Pintor, tenga cuidado, porque la pintura no bastará; ¡Debemos tener realidades sin adornos!

Tú que trabajas en un negocio donde continuamente estás

pesando o midiendo cosas, puedes pesarte y medirte diariamente según la norma de la Palabra de Dios. Puedes imaginar que viste al gran Juez parado con Su evangelio en una balanza y a ti en la otra, y mirándote solemnemente desde lo alto, diciendo: MENE, MENE, TEKEL, UPHARSIN. TEKEL; Fuiste pesado en balanza y fuiste hallado falto (Daniel 5:25, 27).

Algunos de ustedes podrían medir longitudes o porciones para sus clientes. Piensa también en tu vida. Debe tener una longitud determinada, y cada año mueves la cinta métrica un poco más, y por fin, las tijeras te cortarán la vida y se acabó. ¿Cómo sabes cuando has llegado al último centímetro? ¿Qué es esa enfermedad que tienes, sino el primer corte de tijera? ¿Qué es ese temblor de tus huesos, esa pérdida de tu vista, esa huida de tu memoria, esa partida de tu vigor juvenil, sino el primer desgarro de la tela? ¡Cuán pronto serás partido en dos, el resto de tus días pasará y tus años estarán contados y desaparecidos, malgastados y desperdiciados para siempre!

Tal vez trabaje como trabajador general y sus tareas sean diversas. Entonces diversas son las conferencias que Dios te predica. *El hombre ciertamente tiene una cantidad determinada de tiempo sobre la tierra, y sus días son como los días de un asalariado. Como el esclavo desea fervientemente la sombra y como el asalariado espera el descanso de su trabajo, así se me hacen poseer meses de vanidad, y se me asignan noches fatigosas* (Job 7:1-3). Hay una similitud para ti, cuando hayas cumplido tu tiempo en la tierra y por fin recibas tu salario. ¿Quién es entonces tu amo? ¿Estás sirviendo a Satanás y a los deseos de la carne y recibirás tu salario en el metal candente de la destrucción? ¿O estás sirviendo al hermoso Príncipe Emmanuel y tu salario serán las coronas de oro del cielo? ¡Oh, felices son si sirven a un buen Maestro! Según tu amo será tu recompensa. Según sea tu trabajo, así será tu fin.

¿Eres una persona que se gana la vida escribiendo? Sepa

que su vida es una escritura. Cuando tu mano no está sobre la pluma, sigues siendo un escritor, porque siempre estás escribiendo en las páginas de la eternidad. Siempre estás escribiendo tus pecados o tu santa confianza en Aquel que te amó. Feliz será para ti, oh escritor, si tu nombre está escrito en el Libro de la Vida del Cordero, y si esa negra escritura tuya, en la historia de tu peregrinación hacia abajo, habrá sido borrada con la sangre roja de Cristo, porque entonces tendrás el poderoso nombre del Señor escrito sobre ti, para que permanezca legible para siempre.

Quizás seas médico o farmacéutico y prescribas o prepares medicamentos para el cuerpo. Dios está allí al lado de tus medicinas y junto a la mesa donde escribes tus recetas, y te dice: "Tú mismo estás enfermo. Puedo recetarte la cura. La sangre y la justicia de Cristo, asidas por la fe y aplicadas por el Espíritu, pueden curar tu alma. Puedo prepararte una medicina que te librará de todo lo que te preocupa y te llevará al lugar donde los habitantes ya no dirán: "Estoy enfermo". ¿Tomarás mi medicina o la rechazarás? ¿Te resulta amargo y lo rechazas? Ven y bebe, hija mía; bebe, porque aquí está tu vida; *¿y cómo escaparemos nosotros si descuidamos una salvación tan grande"* (Hebreos 2:3 LBLA)?

¿Fundes hierro, fundes plomo o fusionas los metales duros de las minas? Luego ora para que el Señor derrita tu corazón y te moldee en el molde del evangelio.

¿Haces ropa? Ten cuidado de encontrar una prenda para ti para siempre. *Me regocijaré mucho en el Señor, me regocijaré mucho en el Señor, mi alma se regocijará en mi Dios; Porque me ha vestido con vestiduras de salvación, me ha envuelto con un manto de justicia, como el novio se adorna con una guirnalda, y como la novia se adorna con sus joyas.* (Isaías 61:10).

¿Estás ocupado construyendo todo el día, poniendo una piedra sobre otra y colocando el mortero en su grieta? Entonces recuerda que tú también estás construyendo para la eternidad. ¡Oh, si tú mismo pudieras ser edificado sobre un buen fundamento! ¡Oh, si pudieras construir sobre él, no madera, heno ni hojarasca, sino oro, plata y piedras preciosas, y cosas que resistan el fuego! *Ahora bien, si alguno edifica sobre este fundamento oro, plata, piedras preciosas, madera, heno, hojarasca, la obra de cada uno será manifiesta, porque el día la declarará porque será revelada por el fuego; la obra de cada uno, cualquiera que sea, el fuego la pondrá a prueba* (1 Corintios 3:12-13).

Cuida que seas verdaderamente andamio de Dios, para que no seas usado en la tierra como andamio para la edificación de Su iglesia, y cuando Su iglesia sea edificada serás derribado y quemado con fuego inextinguible (Mateo 3:12). Cuida que estés edificado sobre roca y no sobre arena (Mateo 7:24-27), y que el cemento rojo de la preciosa sangre del Salvador te una a los cimientos del edificio y a cada piedra del mismo.

¿Es usted joyero y corta gemas y pule diamantes todos los días? ¡Entonces toma nota del contraste que supone tu vida con la piedra sobre la que ejerces tu oficio! Lo cortas, y brilla más cuanto más lo cortas; pero, aunque hayas sido cortado y molido, aunque hayas estado enfermo y hayas estado muchas veces al borde de la muerte, no brillas más, sino que pareces aún más opaco, porque lamentablemente no eres un diamante. Eres sólo un guijarro del arroyo, y en aquel día cuando Dios forme Sus joyas, no te incluirá en su cofre de tesoros, porque no eres uno de los preciosos hijos de Sión, comparable al oro fino. *Los hijos de Sión, más preciosos y estimados que el oro puro, ¡cómo son tomados por vasijas de barro, obra de manos de alfarero!* (Lamentaciones 4:2).

Cualquiera que sea su situación, cualquiera que sea su ocupación, hay un sermón continúo predicado a su conciencia. Deseo que de ahora en adelante abras tus ojos y oídos y veas y escuches las cosas que Dios desea enseñarte.

Capítulo 16

Debemos orar

El pobre Ananías tenía miedo de ir a ver a Saulo. Pensó que era como entrar en el foso de un león. "Si voy a su casa", pensó, "en el momento en que me vea, me llevará a Jerusalén de inmediato, porque soy uno de los discípulos de Cristo. No me atrevo a ir".

Dios dice: "He aquí que ora".

—Bueno —dice Ananías—, eso me basta. Si es un hombre de oración, no me hará daño. Si él es un hombre de verdadera devoción, yo estoy a salvo" (Hechos 9:1-17).

Puedes estar seguro de que siempre puedes confiar en una persona que ora. No sé cómo es, pero incluso la mayoría de las personas impías parecen rendir reverencia a un cristiano sincero. A un empleador le gusta tener un empleado que ora. Si al empleador no le importa ser cristiano, le gusta tener un empleado piadoso, y confiará en él más que en cualquier otro.

Es cierto que hay algunas personas que profesan orar que no tienen un poco de oración en ellas, pero siempre que encuentres a una persona que realmente ore, puedes confiarle un oro incalculable. Si él realmente ora, no tienes que tenerle miedo. Aquel que se comunica con Dios en secreto puede ser confiable en público. Siempre me siento seguro con un hombre que es un visitante del propiciatorio.

Escuché una anécdota sobre dos caballeros que viajaban juntos a algún lugar de Suiza. Pronto llegaron en medio de los bosques, y ya saben los sombríos cuentos que la gente solía contar sobre las posadas en los lugares solitarios y lo peligroso que es alojarse en ellas. Bueno, uno de los viajeros, un hombre incrédulo, le dijo al otro hombre, que era cristiano: "No me gusta nada detenerme aquí. Es una casa de aspecto muy espeluznante".

-Bueno -dijo el otro-, intentémoslo. Así que entraron en la casa, pero parecía tan misteriosa que a ninguno de los dos les gustó. No cabía duda de que hubieran preferido estar en casa en Inglaterra.

Pronto, sin embargo, el dueño dijo: "Señores, siempre leo y rezo con mi familia antes de acostarme; ¿Me permiten hacerlo esta noche?

—Sí —dijeron—, con el mayor placer.

Cuando subieron las escaleras, el incrédulo dijo: "Ahora no tengo ningún miedo".

"¿Por qué no?", preguntó el cristiano.

"Porque nuestro anfitrión ha orado".

- ¡Oh! -exclamó el otro-. "Entonces parece, después de todo, que usted piensa algo acerca del cristianismo. Porque un hombre reza, puedes ir a dormir a su casa sin temor a que te roben o te asesinen".

Era maravilloso cómo dormían los dos. Tenían dulces sueños, porque sentían que donde la casa había sido entechada por la oración y cerrada con devoción, nadie les haría mal. Esto, pues, fue un argumento para Ananías, para que pudiera ir con seguridad a la posada de Saulo.

La Sra. Berry solía decir: "No dejaría mi armario de oración por mil mundos". El Sr. Jay dijo: "Si los doce apóstoles vivieran cerca de ustedes y tuvieran acceso a ellos, si esta comunión los sacara de la oración, resultarían un verdadero daño para sus almas". La oración es el barco que trae a casa el cargamento más rico desde las costas celestiales. La oración es la tierra que produce la cosecha más abundante.

Hermano, cuando te levantas por la mañana, con tus asuntos tan urgentes, que, con una o dos palabras apresuradas de oración, sales al mundo; y por la noche, agotado y cansado, le das a Dios las escasas sobras del día, la consecuencia es que no tienes comunión con Él. La razón por la que no tenemos más cristianismo verdadero entre nosotros ahora es porque no tenemos más oración secreta.

Tengo algo que decir acerca de las iglesias de hoy en día que no pasan mucho tiempo en verdadera oración. Dígale a su ministro: "Señor, debemos tener más oración". Insta a la gente a orar más. Ten una reunión de oración, incluso si lo tienes todo para ti solo; y si te preguntan cuántos estaban presentes, puedes decir: "Cuatro".

"¡Cuatro! ¿Cómo es eso?

"Bueno, yo estuve allí, y también Dios el Padre, Dios el Hijo y Dios el Espíritu Santo, y tuvimos una comunión profunda y real juntos".

Debemos tener un derramamiento de verdadera devoción, o de lo contrario, ¿qué va a ser de muchas de nuestras iglesias? ¡Oh, que Dios nos despierte a todos y nos mueva a orar, porque cuando oramos, seremos victoriosos! Quisiera llevarte, como Sansón a las zorras (Jueces 15:4-5), atarte los tizones de la oración y enviarte entre los surcos del trigo hasta que incendies todo el campo. Quisiera encender el fuego con mis palabras y prender fuego a todas las iglesias con celo por la gloria de Dios.

Capítulo 17

Errores populares

Hay muchas personas que piensan que la salvación no se puede lograr excepto de alguna manera indefinible y misteriosa, y el ministro y el predicador están mezclados con ello. Escúchame, entonces: si nunca hubieras visto a un ministro en tu vida, si nunca hubieras escuchado la voz del ministro o del pastor de la iglesia, sin embargo, si invocaras el nombre del Señor, tu salvación sería tan segura sin uno como con uno.

Todos somos clérigos si amamos al Señor Jesucristo, y ustedes son tan aptos para predicar el evangelio si Dios les ha dado la capacidad y los ha llamado a la obra por Su Espíritu, como cualquier hombre vivo. No es necesaria ninguna mano sacerdotal, ningún grupo de ancianos, ninguna ordenación de hombres. Nos basamos en el derecho de la humanidad a decir lo que creemos, y junto a eso nos apoyamos en el llamado del Espíritu de Dios en el corazón que nos pide dar testimonio de su verdad.

Ni Pablo, ni un ángel del cielo, ni Apolos, ni Cefas, pueden ayudarte en la salvación. No es del hombre, ni por los hombres, y ningún papa, arzobispo, obispo, sacerdote, ministro, ni nadie tiene gracia que dar a los demás. Cada uno de nosotros debe ir a la fuente, implorando esta promesa: *Porque todo aquel que invoque el nombre del Señor será salvo (Romanos 10:13).*

Si yo estuviera encerrado en las minas de Siberia, donde nunca podría escuchar el evangelio, y si invocara el nombre de Cristo, el camino seria igual de recto, sin el ministro como con él; el camino al cielo es tan claro, desde las tierras salvajes de África y desde las guaridas de la prisión y el calabozo, como lo está desde el santuario de Dios. Sin embargo, para edificación, todos los cristianos aman el ministerio, aunque no para la salvación.

Los verdaderos Cristianos no ponen su confianza en el sacerdote o en el predicador, sin embargo, la Palabra de Dios es dulce para ellos. *¡Cuán hermosos son en los montes los pies del que trae buenas nuevas, del que anuncia la paz y trae buenas nuevas de felicidad, del que anuncia la salvación y dice a Sión: "Tu Dios reina!* (Isaías 52:7).

Otro error muy común es que un buen sueño es la cosa más espléndida para salvar a las personas. Algunos de ustedes no saben hasta qué punto prevalece este error. Resulta que lo sé. Muchas personas creen que, si sueñas que ves al Señor en la noche, serás salvado, y si puedes verlo en la cruz, si crees ver algunos ángeles, o si sueñas que Dios te dice: "Estás perdonado", todo está bien.

¡Eso es simplemente basura! No hay nada de verdad en ello. Los sueños, los tejidos desordenados de una imaginación salvaje, la inestabilidad, a menudo de los hermosos pilares de una gran concepción, ¿cómo pueden ser los medios de salvación?

Debo citar a Rowland Hill a falta de una mejor respuesta. Cuando una mujer suplicó que se había salvado porque había soñado, él dijo: "Bueno, mi buena mujer, es muy agradable tener buenos sueños cuando estás dormida, pero quiero ver cómo actúas cuando estás despierta; porque si tu conducta no es consistente en tu cristianismo cuando estás despierto, no daré un chasquido de dedos por tus sueños".

Me maravillo de que alguien llegue a tal grado de ignorancia como para contarme las historias que he oído sobre los sueños. ¡Pobres criaturas queridas! Cuando estaban profundamente dormidos, vieron que se abrían las puertas del cielo, un ángel blanco vino y lavó sus pecados, y luego vieron que habían sido perdonados, y desde entonces nunca han tenido una duda o un miedo. Es el momento, un muy buen momento, de que empieces a dudar, porque si esa es toda la esperanza que tienes, es pobre.

Recuerden, *es todo aquel que invoque el nombre del Señor,* no todo aquel que sueñe acerca de Él. Los sueños pueden hacer el bien. A veces las personas han sido asustadas hasta perder sus sentidos en ellos, y estaban mejor fuera de sus sentidos que en ellos, porque hacían más daño cuando estaban en sus sentidos que cuando estaban fuera, y los sueños hacían bien en ese sentido. Algunas personas también se han alarmado por los sueños; Pero confiar en ellos es confiar en una sombra, construir las esperanzas en burbujas, que apenas necesitan una ráfaga de viento para hacerlas estallar en la nada. ¡Oh, recuerda, no necesitas una visión o alguna apariencia sobrenatural! Si has tenido una visión o un sueño, no tienes por qué despreciarlo. Puede que te haya beneficiado, pero no confíes en ello. Si usted no ha tenido tal sueño, recuerde que la promesa de salvación de Dios viene cuando usted invoca Su nombre, no cuando tiene un sueño.

Hay algunas personas que piensan que deben tener algún tipo de emoción o sentimientos muy maravillosos para ser salvos. Algunos piensan que deben tener algunos pensamientos muy extraordinarios, como nunca antes los habían tenido, o de lo contrario no pueden ser salvados.

Una vez una mujer vino a mí y quería ser miembro de la iglesia. Le pregunté si alguna vez había cambiado de opinión. Ella dijo: "¡Oh, sí, señor, qué cambio! "Sabes", dijo ella, "lo sentí en el pecho tan notablemente, señor, y cuando estaba orando un día, sentí como si no supiera qué me pasaba, me sentí tan diferente. Y cuando fui a la capilla, señor, una noche, salí y me sentí tan diferente de lo que me sentía antes; Me sentí tan ligera".

—Sí —dije—, mareada, mi querida alma. Eso es lo que sentiste, pero nada más, me temo.

La buena mujer era lo suficientemente sincera. Pensó que todo estaba bien para ella porque algo había afectado sus pulmones o había alterado de alguna manera su estructura física. "No", te oigo decir, "la gente no puede ser tan tonta como esta". Les aseguro que hay muchos que no tienen mejor esperanza del cielo que esa, porque estoy tratando con una objeción muy popular en este momento.

"Pensé", dijo una persona dirigiéndose a mí un día, cuando estaba en el jardín, que Cristo seguramente podría quitar mis pecados con la misma facilidad con que podía mover las nubes. ¿Sabe usted, señor, que en un momento o dos la nube desapareció y el sol brillaba? Pensé para mis adentros: *"El Señor está borrando mi pecado"*.

Un pensamiento tan ridículo como ese, dices, no podría ocurrir a menudo, pero te digo que lo hace, muy a menudo. Algunas personas piensan que la mayor tontería en toda la tierra es una manifestación de la gracia divina en sus corazones.

El único sentimiento que quiero tener es este: quiero sentir que soy un pecador y que Cristo es mi Salvador. Pueden guardar sus visiones, sentimientos y emoción excitada para ustedes mismos. El único sentimiento que deseo tener es un profundo arrepentimiento y una humilde fe en Cristo; Y si, pobre pecador, tienes eso, eres salvo.

Algunas personas creen que antes de que puedan ser salvadas tiene que haber una especie de descarga eléctrica, alguna cosa muy maravillosa que las atravesará por todas partes de la cabeza a los pies. Oye ahora esto: *La palabra está cerca de ti, en tu boca y en tu corazón, es decir, la palabra de fe que predicamos: que,*

si confesares con tu boca al Señor Jesús, y creyeres en tu cora-
zón que Dios le ha resucitado de entre los muertos, serás salvo"
(Romanos 10:8-9). ¿Qué quieres con todas estas tonterías de
sueños y pensamientos sobrenaturales? Todo lo que se necesita
es que, como pecador culpable, venga y me arroje sobre Cristo.
Habiendo hecho eso, el alma está a salvo, y todas las visiones
en el universo no podrían hacerla más segura.

Ahora tengo un error más que tratar de rectificar. Entre la
gente muy pobre —y he visitado a algunos de ellos y sé que lo
que digo es verdad—, entre los muy pobres y los incultos, hay
una idea muy actual de que, de un modo u otro, la salvación
está relacionada con el aprendizaje de la lectura y la escritura.
Sonríes, tal vez, pero yo lo sé. A menudo una pobre mujer ha
dicho: "Oh, señor, esto no es bueno para las pobres criaturas
ignorantes como nosotros. No hay esperanza para mí, señor.
No sé leer. ¿Sabe usted, señor, que no conozco ni una sola letra?
Creo que, si supiera leer un poco, me salvaría, pero por muy
ignorante que sea, no sé cómo puedo serlo, porque no tengo
entendimiento, señor.

Lo he encontrado también en los distritos rurales, entre
personas que podrían aprender a leer si quisieran. Y no hay
nadie que no pueda, a menos que sea perezoso. Sin embargo,
se sientan con fría indiferencia acerca de la salvación, bajo la
noción de que el predicador podría salvarse, porque lee un capítulo tan bien; el escribano podía salvarse, porque dijo "Amén"
tan bien; El caballero rico podía salvarse, porque sabía mucho
y tenía muchos libros en su biblioteca, pero no se podían salvar,
porque no sabían nada, y por lo tanto era imposible. Mi pobre
amigo, no necesitas saber mucho para ir al cielo. Te aconsejo
que aprendas todo lo que puedas; No seas atrasado en tratar de
aprender. Pero en lo que se refiere a ir al cielo, el camino es tan
sencillo, que *los necios no errarán en él* (Isaías 35:8).

Capítulo 18

No espere hasta morir

Es sorprendente el bajo precio por el que una persona vende su alma. Recuerdo una anécdota que creo que es cierta. Un ministro, que atravesaba unos campos, se encontró con un habitante del campo y le dijo: "Bueno, amigo, es un día muy hermoso".

"Sí, señor, lo es".

El ministro le habló de las bellezas del paisaje y demás, y luego dijo: "¡Cuán agradecidos debemos estar por nuestras misericordias! Espero que nunca salgas sin orar".

"¡Ora, señor!" dijo. "Bueno, nunca oro; No tengo nada por qué orar".

"¡Qué hombre tan extraño eres!" dijo el ministro. "¿No ora su esposa?"

"Si ella quiere."

"¿Tus hijos no oran?"

"Si quieren, lo hacen".

El ministro, al darse cuenta de que el hombre era irracional, dijo: "Bueno, entonces quiere decir que no ora. Te daré cinco dólares si me prometes no orar mientras vivas".

"Muy bien", dijo el hombre. "No veo por qué tengo que

orar", y tomó los cinco dólares. Cuando llegó a casa, le asaltó el pensamiento: *¿Qué he hecho?* Algo le dijo: *Bueno, John, morirás pronto y entonces querrás orar. Tendrás que presentarte ante tu Juez, y será triste no haber orado nunca.*

Pensamientos de este tipo lo invadieron y se sintió terriblemente miserable. Cuanto más pensaba, más miserable se sentía. Su esposa le preguntó qué le pasaba. Durante algún tiempo apenas pudo decírselo, pero al final confesó que había recibido cinco dólares para no volver a orar nunca más, y eso le preocupaba. La pobre alma ignorante pensó que era el Maligno que se le había aparecido en aquel campo.

"Sí, John", dijo su esposa. "Efectivamente, fue el diablo, y le vendiste tu alma por esos cinco dólares". El pobre hombre no pudo trabajar durante varios días y se sintió completamente miserable por la convicción de que se había vendido al Maligno. Sin embargo, el ministro sabía lo que estaba pasando y había un granero cerca. Iba a predicar allí y supuso que el hombre estaría allí para aliviar su terror mental.

Efectivamente, estaba allí un domingo por la tarde y escuchó al mismo hombre que le dio los cinco dólares tomar Marcos 8:36 como su texto: *¿De qué le aprovechará al hombre ganar el mundo entero y perder* su alma? "Sí", dijo el predicador, "¿de qué le servirá a un hombre que vende su alma por cinco dólares?"

El hombre se levantó y gritó: "¡Señor, te lo devuelvo! ¡Te lo devuelvo!

"¿Por qué?" dijo el ministro. "Querías los cinco dólares y dijiste que no necesitabas orar".

"Pero señor", dijo, "debo orar. Si no oro, estoy perdido". Después de algunas negociaciones y discusiones, los cinco dólares fueron devueltos y el hombre estaba de rodillas orando a Dios. Esa misma circunstancia fue el medio para salvar su alma y convertirlo en un hombre cambiado.

Capítulo 19

Nuestros días están contados

¡Un Dios presente! No puedo sugerir un tema que pueda llenarlos más de coraje en tiempos de peligro y problemas. Te resultará de gran ayuda y consuelo si puedes descubrir a Dios en las pequeñas cosas. Nuestra vida se compone de pequeñas cosas, y si tuviéramos un Dios sólo para las cosas grandes y no para las pequeñas, seríamos verdaderamente miserables. Si tuviéramos un Dios del templo y no un Dios de las tiendas de Jacob, ¿dónde estaríamos? Pero, bendito sea nuestro Padre celestial, él es quien hace volar un ángel y guía un gorrión. Es Dios quien hace rodar el mundo y también moldea una lágrima y marca su órbita cuando gotea desde su fuente. Dios es tanto el iniciador del movimiento de un grano de polvo arrastrado por el viento del verano como lo es de las revoluciones del estupendo planeta. Dios tiene el mismo control del centelleo de una luciérnaga que del ardiente cometa.

Les imploro que lleven a sus casas el pensamiento de que Dios está allí con ustedes en su mesa, en su dormitorio, en su cuarto de trabajo y en la mesa de su cocina. Reconocer el hacer y a Dios en cada pequeña cosa. Piense por un momento y encontrará que hay muchas promesas de las Escrituras que resultan el más dulce consuelo en asuntos triviales. *Porque él encargará a sus ángeles que te guarden en todos tus caminos. Te llevarán en sus manos.* ¿Por qué? ¿Para que no te caigas de un precipicio? ¿Entonces no te tiras desde un pináculo? No: no sea que tu pie tropiece en piedra (Salmo 91:11-12). Es sólo un pequeño peligro, pero hay una gran providencia que nos protege de él.

¿Qué más dice la Biblia? ¿Dice: "Los mismos días de tu vida están contados"? No dice eso, aunque eso sea cierto, pero dice: *Hasta los cabellos de vuestra cabeza están todos contados* (Mateo 10:30). ¿Qué más dice la Palabra de Dios? ¿Dice: "El Señor conoce las águilas, y ni un águila cae a tierra sin vuestro Padre"? No, pero dice: *¿No se venden dos gorriones por un cuarto? Y ni uno de ellos caerá a tierra sin vuestro Padre* (Mateo 10:29). Es un gran Dios en las pequeñas cosas.

Estoy seguro de que te ahorrarás un mundo de irritación si recuerdas esto, porque de ahí provienen nuestras irritaciones. Muchas veces nos enojamos por una cosa pequeña, cuando una gran prueba no nos agita. Estamos enojados porque nos hemos quemado con un poco de agua o hemos perdido un botón de nuestra ropa y, sin embargo, la mayor calamidad difícilmente puede perturbarnos. Sonríes porque es verdad. El mismo Job, que dijo: Jehová dio, y Jehová quitó (Job 1:21), podría haberse enojado por algún borde áspero de su tiesto. Cuídate de ver a Dios en las pequeñas cosas para que tu mente esté siempre tranquila y serena, y que no seas tan necio como para permitir que una pequeña cosa venza a un santo de Dios.

Nuestra vida depende enteramente de Dios. Al viajar uno ve imágenes extrañas, escenas que nunca se borrarán de la memoria. Fue hace algunos años, justo debajo de una enorme roca, que vi un enorme montón de piedras rotas y tierra que habían sido arrojadas en salvaje confusión y levantadas en enormes montículos. Mi conductor me dijo: "Esa es la tumba de un pueblo".

Hace algunos años vivía en ese lugar un pueblo alegre y feliz. Salieron a su trabajo diario y comieron y bebieron tal como lo hace la gente hasta el día de hoy. Una vez vieron una grieta gigantesca en la montaña que colgaba sobre sus cabezas. Escucharon ruidos alarmantes, pero ya habían escuchado esos sonidos antes, y los ancianos dijeron que podría estar viniendo algo, pero no lo sabían. Sin embargo, de repente, sin previo aviso, toda la ladera de la colina se puso en movimiento y antes de que los aldeanos pudieran escapar de sus cabañas, la aldea quedó sepultada bajo las rocas caídas. Allí yace inmóvil, y nunca se ha descubierto entre los restos del derrumbe ni hueso humano ni pieza de habitación humana. Todo fue tan completamente aplastado y enterrado, que nada, ni por la más diligente búsqueda, jamás fue descubierto.

Hay muchos pueblos que se encuentran hoy en día en una situación similar. Pasé por otro lugar donde había una montaña inclinada, con sus capas inclinadas hacia el valle. Una ciudad que se había construido al pie había quedado completamente cubierta, y un tremendo deslizamiento desde lo alto de la colina había llenado un lago. Sin embargo, todavía quedan casas nuevas y la gente corre el riesgo de vivir entre las tumbas de sus padres. Somos propensos a decir: "¡Cómo deberían estas personas levantar la vista cada mañana y decir: '¡Oh Señor, perdona a esta aldea!' Al bajar la colina sobre ellos, deben alzar sus corazones hacia el Preservador y decir: "Oh, guardián de Israel, guárdanos día y noche".

Sin embargo, tú y yo estamos en la misma situación. Aunque no hay peñascos elevados sobre nuestras granjas, aunque ninguna montaña amenaza con saltar sobre nuestra ciudad, hay mil puertas a la muerte. Hay otras formas además de estas que pueden apresurar a los mortales a sus tumbas. Hoy estás sentado tan cerca de las fauces de la muerte como aquellos aldeanos que viven debajo de la roca. ¡Oh, que te hayas dado cuenta! Un suspiro entrecortado y estás muerto. Quizás tu vida esté mil veces en peligro a cada momento. Por cuantas veces late tu corazón, por cuantas veces respiras, tantas veces tu vida pende de tal peligro que sólo necesita la voluntad de Dios, y caerás muerto en tu asiento y serás llevado a cabo. cadáver pálido y sin vida.

Hay partes de los puertos de montaña de los Alpes que suponen tal peligro para el viajero que, cuando los atraviesan en invierno, los arrieros amortiguan las campanas de sus bestias para que el más suave sonido no provoque una avalancha de nieve y los arrase hacia el precipicio sin fondo que hay debajo. Se podría pensar que en esa situación el viajero debe sentir que está en las manos de Dios. Pero ahora estás en la misma posición, aunque no lo veas. Simplemente abre los ojos de tu espíritu y podrás ver la avalancha que se cierne sobre ti hoy y la roca temblando hacia ti en este mismo momento. Simplemente deja que tu alma contemple los relámpagos ocultos que Dios esconde dentro de Su mano, y pronto podrás ver que para Dios quitarte la vida ahora, o cuando Él quiera, es más fácil para Él que para ti aplastar un mosquito con tu dedo.

Como ocurre con nuestra vida, también ocurre con las comodidades de la vida. ¿Qué sería de la vida sin sus comodidades? Es más, ¿qué sería sin sus necesidades? Sin embargo, ¡cuán absolutamente dependientes somos de Dios para obtener el pan que es el sustento de la vida! Nunca sentí más verdaderamente la dependencia del hombre de su Dios que al pie del paso alpino del Splugen. Vi a lo lejos que todo el camino estaba negro, como si lo hubieran cubierto de montones de tierra negra. A medida que nos acercábamos, descubrimos que era una masa de langostas en plena marcha: decenas de miles de miríadas de ellas. A medida que nos acercábamos, se dividieron con tanta regularidad como si hubieran sido un ejército, dejando espacio para el carruaje. Apenas pasó el carruaje, las filas se llenaron de nuevo y prosiguieron su marcha devoradora.

Seguimos avanzando varios kilómetros y no se veía nada excepto estas criaturas, que literalmente cubrían el suelo aquí y allá en gruesas capas, como una lluvia de nieve negra. Entonces comprendí el lenguaje del profeta: la tierra es como el jardín del Edén delante de él, y detrás de él un desierto asolado (Joel 2:3). Las langostas se habían comido todas las briznas verdes. Allí estaba el maíz indio, sólo con los tallos secos, pero había desaparecido toda partícula verde. Al frente de su marcha se veían las vides que empezaban a madurar y los campos de cereales que se apresuraban hacia la perfección. Allí estaba el pobre campesino ante su puerta. El trigo que había plantado y las vides que había cuidado serían comidos y devorados ante sus propios ojos. Los pastos estaban llenos de estas criaturas ardientes. Cuando entraron por primera vez al campo, había pastos verdes para las vacas de los campesinos pobres, pero después de que las langostas estuvieron allí durante una hora, se podía recoger el polvo a puñados y no quedaba nada más.

"¡Ah!" dijo mi guía. "Es algo triste para esta pobre gente. Dentro de un mes, esas criaturas serán tan grandes y largas como mi dedo, y luego se comerán los árboles, incluidas las moreras con las que los pobres alimentan a sus gusanos de seda y que les proporcionan un poco de riqueza. Devorarán todo lo verde hasta que no quede nada más que los tallos desnudos y secos".

Estaban en ejércitos tan innumerables como las arenas del mar y feroces a la vista, bien descritos por el profeta Joel en su terrible descripción de ellos como un gran ejército del Señor. ¡Ah! Pensé dentro de mí. Si Dios puede barrer este valle y arrasarlo con estas pequeñas criaturas, qué misericordia es que Él sea un Dios bondadoso y misericordioso, o de lo contrario podría desatar un destino similar sobre todas las personas de la tierra, y luego ¡nada nos miraría a la cara excepto el hambre, la desesperación y la muerte!

No dependemos simplemente de Dios para las comodidades,

sino para el poder de disfrutarlas. Es un mal que hemos visto bajo el sol, que el hombre tenía riquezas y abundancia, pero no tenía poder para comer de ellas. He visto gente hambrienta y llena de apetito sin pan para comer. Pero he visto un espectáculo quizás más triste: un hombre con los tipos de comida más lujosas, a quien el gusto parecía negado, para quien cada bocado era algo que detestaba.

Dios sólo tiene que tocarte con la enfermedad, y el movimiento puede ser desdicha, e incluso acostarte en una cama puede ser una repetición de torturas mientras te mueves de un lado a otro. Peor aún, el Señor sólo tiene que poner su dedo en tu cerebro y te conviertes en un lunático delirante, o lo que puede parecer mejor, pero más despreciable, en un idiota tonto. ¡Oh, qué poco tiene entonces Él que hacer para derribar todo lo tuyo, para derribar ese poderoso castillo de tus alegrías y oscurecer las ventanas de tu esperanza! Una vez más, estás para la vida, las necesidades y las comodidades tan absolutamente en la mano de Dios como el barro en la mano del alfarero. Tu rebelión no es más que el retorcerse de un gusano. Puedes murmurar, pero tu murmuración no puede afectarle. Puedes pedir a tus camaradas que se unan contigo contra el Dios todopoderoso, pero Su propósito se mantendrá firme y debes someterte.

Capítulo 20

Cómo da el mundo

En primer lugar, el mundo da de manera inadecuada y de mala gana. Incluso los mejores amigos del mundo han tenido motivos para quejarse de su vergonzoso trato. Al leer las biografías de hombres poderosos a quienes el mundo honra, pronto se convencerá de que el mundo es un amigo muy ingrato. Si dedicaras toda tu vida a servir al mundo y hacerlo feliz, no creas que el mundo te devolvería ni un centavo.

Robert Burns (1759-1796) es un ejemplo de la excelente gratitud del mundo. Era el poeta del mundo. Escribió sobre la rugiente espuma de la jarra. Cantó los amores de las mujeres y los gozos de la lujuria. El mundo lo admira, pero ¿qué hizo el mundo por él? Toda su vida transcurrió casi en la pobreza.

Cuando llegó el momento de honrar a Robert Burns (lo cual era demasiado tarde para un hombre enterrado), ¿cómo lo honraron? Tenía parientes pobres. ¡Mire la lista de donaciones y vea cuán magníficas fueron las donaciones que recibieron! Lo honraron con tragos de whisky, que bebieron ellos mismos; eso era todo lo que le darían. La devoción de los borrachos escoceses por su poeta es una devoción por su borrachera, no por él.

Sin duda, hay muchas personas sinceras que lamentan al

pecador tanto como admiran al genio, pero a la mayoría de la gente le agrada no menos por sus defectos. Sin embargo, si se hubiera ordenado y decretado que cada borracho que honrara a Burns tuviera que pasar una semana sin su whisky, no habría habido una docena que lo hubiera hecho, ni siquiera media docena. Su honor para él era un honor para ellos mismos. Fue una oportunidad para emborracharse, al menos en miles de casos.

Mientras estaba junto a su monumento hace algún tiempo, vi a su alrededor un conjunto de flores marchitas de lo más lúgubre y sucia, y pensé: *¡Ah, este es su honor! ¡Oh quemaduras! ¡Cómo has gastado tu vida para tener una corona marchita como pago del mundo por una vida de genio poderoso y un torrente de canciones maravillosas!* Sí, cuando el mundo paga mejor, ella no paga nada, y cuando paga menos, paga a sus aduladores con desprecio. Ella recompensa sus servicios con abandono y pobreza.

Podría citar a muchos estadistas que han pasado toda su vida al servicio del mundo, y a quienes al principio el mundo aplaudió y fueron celebrados en todas partes. Sin embargo, mientras servían, podrían haber cometido un pequeño error (que podría resultar que ni siquiera fue un error cuando se leen los libros de historia con más claridad) o podrían haber hecho algo que no era popular, y el mundo enciende sobre ellos. "¡Abajo con él!" dice el mundo. "No tendremos nada más que ver con él". Todo lo que pudo haber hecho antes no significó nada para ellos. Un error, un defecto en su carrera política y "¡Abajo él! ¡Échenlo a los perros! ¡No queremos volver a tener nada que ver con él otra vez!

¡Ah, el mundo paga muy poco! ¿Qué hará por aquellos a quienes más ama? Cuando ha hecho todo lo posible, el último recurso del mundo es darle a una persona un título (¿y eso de qué sirve?). Incluso podrían darle un pequeño monumento y colocarlo allí para soportar todo tipo de clima, para estar expuesto sin piedad a todas las tormentas; y allí está, para que los tontos lo miren, uno de los más grandes del mundo pagado en piedra. Es cierto que el mundo ha pagado eso con su propio corazón, porque de eso está hecho el corazón del mundo.

El mundo paga mal, pero ¿alguna vez escuchaste a un Cristiano que se quejara así de su Maestro? "No", dirá. "Cuando sirvo a Cristo, siento que mi trabajo es mi salario. El trabajo para Cristo es su propia recompensa. Él me da alegría en la tierra, con plenitud de alegría en el más allá". *En tu presencia hay plenitud de gozo; En tu diestra hay delicias para siempre* (Salmo 16:11).

¡Oh, Cristo es un buen pagador! Porque la paga del pecado es muerte, pero la gracia de Dios es vida eterna (Romanos 6:23). El que sirve a Cristo puede obtener sólo un poco de oro y plata que este mundo llama preciosos, pero obtiene un oro y una plata que nunca se derretirán en el último fuego refinador, que brillarán entre las cosas preciosas de la inmortalidad por toda la eternidad. El mundo paga miserable y escasamente, pero no así con Cristo.

Si sirves al mundo y quieres recibir regalos de él, el mundo te pagará a medias. Por mundo me refiero al mundo religioso tanto como a cualquier otra parte de él. Me refiero al mundo entero –religioso, político, bueno, malo e indiferente–, todos ellos. Si sirves al mundo, te pagará a medias.

Dejemos que un hombre se gaste por los intereses de sus semejantes, ¿y qué obtendrá a cambio? Algunos lo alabarán y otros lo injuriarán. Las personas que escapan sin ser atacadas en este mundo son las que no hacen nada en absoluto. El que es más valiente y útil debe esperar ser más condenado y despreciado. Aquellas personas que se dejan llevar por las olas del aplauso popular no son personas cuyo valor es verdadero. Quienes realmente hacen el bien deben nadar contra corriente.

Toda la lista de benefactores del mundo es un ejército de

mártires. El camino del bien está marcado siempre a sangre y fuego. El mundo no paga a las personas que realmente le sirven, salvo con ingratitud. E incluso cuando el mundo paga, lo hace a medias. ¿Conociste alguna vez a alguien acerca de quien la mente del mundo estuviera completamente de acuerdo? Nunca he oído hablar de ninguno. Alguien podría decir: "¡Fulano de tal es uno de los mejores hombres de su época!" Vaya por la siguiente calle y oirá decir: "Él es el mayor sinvergüenza que existe". Es posible que oiga a una persona decir: "Nunca escuché a un hombre tan brillante como él". "Oh", dice otro, "¡simplemente dice tonterías!" "Este periódico", dice alguien, "¡defiende con tanta habilidad los derechos del pueblo!" "¡Oh", dice otro, "¡busca derribar todo lo que es constitucional y correcto!"

El mundo todavía no ha tomado una decisión sobre ninguna persona. No hay un alma viva respecto de la cual el mundo sea unánime. Pero cuando Cristo da algo, siempre lo da con todo su corazón. Él no le dice a su pueblo: "Mira, te doy esto, pero aun así tengo la intención de retenerlo". No, Cristo da su corazón a todo su pueblo.

No hay doble ánimo en Jesús. Si la gracia gratuita nos permite servirle y amarle, podemos estar seguros de que, en la rica recompensa que su gracia nos dará, todo su corazón acompañará cada bendición. Cuando Cristo bendice a la pobre alma necesitada, no da con una mano y golpea con la otra. Más bien, Él le da misericordias con ambas manos – ambas llenas – y le pide al pecador simplemente que reciba todo lo que Él está dispuesto a dar.

Siempre que el mundo da algo, lo hace principalmente a quienes no lo necesitan. Recuerdo que una vez, cuando era niño, tenía un perro al que apreciaba mucho. Un señor en la calle me pidió que le diera el perro. Pensé que era bastante desconsiderado y lo dije. Un caballero, sin embargo, a quien se lo conté, dijo: "Supongamos ahora que el duque de Fulano de tal" –que era un gran hombre en el vecindario– "te pide el perro. ¿Se lo darías?

Dije: "Creo que lo haría".

Él dijo: "Entonces eres como todo el mundo; darías a quienes no necesitan". ¿Quién se opondría a darle algo a la reina? Ninguno de nosotros y, sin embargo, tal vez no haya nadie en el mundo que necesite tan poco de nuestros dones. Siempre podemos dar a aquellos que no necesitan nada, porque sentimos que se nos concede algún pequeño honor, un honor otorgado por la recepción del regalo.

Ahora mira a Jesús. Cuando Él da a Sus amigos, no recibe ningún honor de ellos. El honor está en su propio corazón libre que lo lleva a dar a tan pobres gusanos necesitados. Grandes personas han acudido a Cristo con meras profesiones y le han pedido que sea bueno con ellos; pero luego, al mismo tiempo, han declarado que tenían justicia propia y que no necesitaban mucho de Él. Entonces les ha enviado a ocuparse de sus asuntos y no les ha dado nada. Él dijo: *No he venido a llamar a justos, sino a pecadores al arrepentimiento* (Lucas 5:32).

Siempre que los pobres pecadores perdidos han ido a Cristo, Él nunca ha rechazado a ninguno de ellos – nunca. Les ha dado todo lo que podían desear, e infinitamente más de lo que pensaban que podían esperar. ¿No podría Jesús decirnos, cuando le pedimos las bendiciones de su gracia: "Eres presuntuoso al atreverte a pedir"? En lugar de eso, le encanta que le pidan y da gratuita y abundantemente, *no como el mundo da* (Juan 14:27), porque da a quienes más lo necesitan.

Hay otra visión de los regalos del mundo. El mundo da a sus amigos. Cualquiera ayudará a sus propios amigos. Si no ayudamos a nuestros familiares y amigos, somos peores que los paganos y los publicanos. *Si alguno no provee para los suyos, y especialmente para los de su casa, ha negado la fe y es peor que un incrédulo* (1 Timoteo 5:8).

Pero el mundo generalmente limita sus buenos deseos y bendiciones a su propia clase social, amigos y familiares. No puede pensar en dar bendiciones a sus enemigos. ¿Has oído alguna vez que el mundo bendice a un enemigo? Nunca. Da sus regalos a sus amigos, y muy escasamente incluso a ellos. Pero Cristo da sus dones incluso a sus enemigos. *No como el mundo lo da,* puede decir verdaderamente.

El mundo dice: "Debo ver si te lo mereces. Debo asegurarme de que su caso sea bueno". El mundo pregunta, pregunta y vuelve a preguntar, pero Cristo sólo ve que nuestro caso es malo, y luego da. No quiere un buen caso, sino un caso malo. Él conoce nuestra necesidad, y una vez que la descubre, ni siquiera todo nuestro pecado puede detener la mano de Su generosidad.

Oh, si Jesús recordara algunas de las cosas duras que hemos dicho acerca de Él, ciertamente nunca nos bendeciría, si no fuera que Sus caminos están muy por encima de los nuestros. *Porque como son más altos los cielos que la tierra, así son mis caminos más altos que vuestros caminos, y mis pensamientos más que vuestros pensamientos* (Isaías 55:9). Recuerde, no hace mucho que lo maldijo, ya que se reía de sus seguidores, odiaba a sus siervos y podía escupir sobre su Biblia. Jesús ha dejado todo eso detrás de Su espalda y te amó de todos modos. ¿El mundo habría hecho eso? Dejemos que alguien se levante y critique severamente a los demás: ¿perdonarán? Después de perdonar, ¿comenzarán a bendecir? ¿Morirán por sus enemigos? ¡Oh, no! Algo así nunca entró en el corazón de la humanidad. Pero Cristo bendice a los rebeldes, traidores y enemigos en Su cruz. Él les lleva a conocer Su amor y a probar Sus misericordias eternas.

El mundo siempre da de manera tacaña y egoísta. La mayoría de nosotros somos llevados a la pobreza. Si regalamos algo a una persona pobre, generalmente esperamos que no vuelva a regresar. Si le damos unos cuantos billetes, muchas veces es, como decimos, para deshacernos de él. Si mostramos un poco de caridad, es con la esperanza de no volver a ver su rostro en nuestra puerta, porque realmente no nos gusta que las mismas personas mendiguen continuamente en nuestra puerta cuando el mundo está tan lleno de mendigos.

¿Alguna vez has oído hablar de alguien que le haya dado algo a un mendigo para animarlo a seguir mendigando? Debo confesar que nunca hice tal cosa y no es probable que empiece a hacerlo. Pero eso es precisamente lo que hace Cristo. Cuando nos da un poco de gracia, su motivo es hacernos pedir más; y cuando Él nos da más gracia, es con el mismo motivo de hacernos venir y pedir nuevamente. Él nos da bendiciones de plata para inspirarnos a pedir misericordias de oro. Cuando tenemos favores de oro, esas mismas misericordias se dan con el propósito de llevarnos a orar más fervientemente y a abrir más nuestra boca para que podamos recibir más. *Yo soy Jehová tu Dios, que te saqué de la tierra de Egipto; abre bien tu boca, y yo la llenaré* (Salmo 81:10).

¡Qué extraño dador es Cristo! ¡Qué amigo más extraño, que nos da a propósito para hacernos pedir más! Cuanto más le pides a Cristo, más puedes pedir. Cuanto más tengas, más querrás. Cuanto más lo conozcas, más desearás conocerlo. Cuanta más gracia recibas, más gracia desearás. Cuando estés lleno de gracia, nunca estarás contento hasta que estés lleno de gloria. *La manera en que Cristo da es de su plenitud, todos los que recibimos, y gracia sobre gracia* (Juan 1:16). Él da gracia para hacernos desear más gracia; gracia para hacernos anhelar algo más elevado, algo más pleno y más rico aún. *No como el mundo da, yo os doy* (Juan 14:27).

Capítulo 21

Ten coraje

¡Cómo ha luchado el hombre contra el hombre! El hombre es el lobo de la humanidad. Ni siquiera los elementos con toda su furia ni las bestias salvajes de presa con toda su crueldad han sido jamás enemigos tan terribles para el hombre como lo ha sido el hombre para sus propios semejantes. Cuando lees la historia de la persecución de la reina María en Inglaterra, te sorprende que criaturas con forma humana puedan ser tan sanguinarias. ¿Se llaman católicos a los que persiguieron a los protestantes? ¿Deberíamos llamarlos católicos? Sería mucho mejor llamarlos caníbales, porque se comportaron más como salvajes que como católicos o cristianos en sus sangrientos martirios y asesinatos de los santos de Dios.

En esta época, no sentimos la crueldad del hombre en esa medida, pero esto se debe sólo a que las costumbres de la tierra no lo permiten. Hay muchos que no se atreven a golpear con la mano, pero que están muy ocupados en atacar con la lengua, y no en exponer nuestros errores, lo cual tienen todo el derecho de hacer – pero en muchos casos los hijos de Dios son tergiversados, calumniados, abusados, perseguidos y ridiculizados por la verdad. También conocemos muchos casos en los que se recurre a otros métodos, cualquier cosa para alejar a los siervos de Dios de su integridad y de su simple seguimiento de su Maestro. Bien dijo el Señor Jesús: *Pero guardaos de los hombres* (Mateo 10:17), *y he aquí, yo os envío como ovejas en medio de lobos; Sed, pues, prudentes como serpientes e inocentes como palomas* (Mateo 10:16).

No esperes que los demás sean amigos de tu piedad, o si lo son, sospecha de la realidad de esa piedad de la que el impío es amigo. Debes esperar que a veces te acosen y otras te coaccionen, a veces te halaguen y otras te amenacen. Debes esperar encontrarte en un momento con la lengua lisonjera que tiene debajo la espada desenvainada, y en otro momento encontrarte con la espada misma desenvainada. Sea consciente y espere que la gente esté en su contra. ¿Pero qué son todos? Supongamos que todas las personas vivas del mundo estuvieran en contra de usted y que usted tuviera que defenderse solo, como lo hizo Atanasio en el siglo IV. Se podría decir, como lo hizo Atanasio: "Yo, Atanasio, contra el mundo entero. Sé que tengo la verdad de mi lado y, por lo tanto, estoy en contra del mundo".

¿De qué sirvió la malicia de los hombres contra Martín Lutero? Quisieron quemarlo, pero murió en su cama a pesar de todos. Querían acabar con él, pero sus escritos circulaban por todas partes, y las palabras de Lutero parecían llevadas en alas de ángeles, hasta que, en los lugares más lejanos, el Papa encontró un enemigo que surgía de repente donde pensaba que toda la buena semilla había sido destruida.

No sé si es de gran utilidad tener un gran número de personas contigo. La verdad en general parece estar en manos de una minoría, y es tan honorable servir a Dios con dos o tres personas como lo sería con dos o tres millones. Si los números o una mayoría hicieran algo bien, la idolatría sería la religión correcta. Si en los países al otro lado del mar los números hicieran algo bien, entonces aquellos que temen al Señor serían realmente pocos, y la idolatría y el romanismo serían lo correcto. Nunca juzgues según los números. Después de todo, no son más que personas. Si son buenas personas, luchad de su lado, pero si ellos y la verdad están en bandos opuestos, no se unan a ellos. Sé amigo de la verdad. *¡Haz tu apelación a la ley y al testimonio! Si no hablan conforme a esta palabra, es porque no hay luz en ellos* (Isaías 8:20).

Eso fue espléndido por parte de Latimer cuando predicó ante Enrique VIII. Había disgustado mucho al rey por su osadía en un sermón predicado ante el rey, y se le ordenó predicar nuevamente el domingo siguiente y disculparse por la ofensa que había cometido. Después de leer su texto, el obispo Latimer comenzó así su sermón: "Hugh Latimer, ¿sabes ante quién debes hablar hoy? Al alto y poderoso monarca, la excelentísima majestad del rey, que puede quitarte la vida si lo ofendes. Por tanto, ten cuidado de no decir nada que pueda desagradarle.

"Pero entonces piensa bien, Hugh, ¿no sabes de dónde vienes y en virtud del mensaje de quién eres enviado? ¡Incluso por el Dios grande y poderoso, que está todo presente, que contempla todos tus caminos y que puede arrojar tu alma al infierno! Por lo tanto, tenga cuidado de transmitir fielmente su mensaje".

Luego, Latimer procedió con el mismo sermón que había predicado el domingo anterior, pero con mucha más energía. Todos los hijos de Dios deberían mostrar ese valor cuando tratan con el hombre. Eres sólo un gusano, pero si Dios pone Su verdad en ti, no te hagas el cobarde ni tartamudees Su mensaje, sino defiende con valentía a Dios y Su verdad.

Algunas personas siempre están poniendo excusas con lo que llaman una humildad decente. La humildad es algo bueno, pero un embajador de Dios debe recordar que existen otras virtudes además de la humildad. Si el rey enviara un embajador a un país con el que estábamos en guerra, y el hombrecillo entrara en la conferencia y dijera: "Espero humildemente que me disculpen por estar aquí. Quiero ser en todo complaciente con todos ustedes, señores y dignatarios. Soy un hombre joven, y usted es mucho mayor que yo, y por lo tanto someto alegremente mi juicio a su sabiduría y experiencia superiores", y así sucesivamente, entonces estoy seguro de que el rey le ordenaría regresar otra vez y le ordenaría una larga jubilación. ¿Qué tiene que hacer él para humillarse cuando es embajador del rey? Debe recordar que está investido de la dignidad del poder que lo envió.

Así le sucede al mensajero de Dios, quien considera una vil vergüenza rebajarse ante cualquier hombre. Su lema es Cedo Nulli: "No me rindo ante nadie", y predicando la verdad de Dios con amor y honestidad, espera poder dar buenas cuentas a su Maestro al final, porque sólo ante su Maestro está de pie o cae.

Capítulo 22

Se fiel

Bien hecho, buen y fiel siervo; en pocas cosas has
sido fiel; Sobre muchas cosas te pondré; entra en el
gozo de tu señor. (Mateo 25:21)

Aquí viene George Whitefield, el hombre que se presentó ante veinte mil personas a la vez para predicar el evangelio, quien en Inglaterra, Escocia, Irlanda y Estados Unidos ha proclamado la verdad de Dios, y que podría contar a sus conversos por miles, ¡incluso bajo un sermón! Aquí viene él, el hombre que soportó persecución y desprecio, y sin embargo no fue conmovido: el hombre de quien el mundo no era digno, que vivió para sus semejantes y que finalmente murió por su causa. Estén atentos, ángeles, y admiren, mientras el Maestro lo toma de la mano y le dice: "Bien hecho, bien hecho, buen y fiel siervo; entra en el gozo de tu Señor". ¡Mira cómo la gracia gratuita honra al hombre a quien permitió actuar con valentía!

¡Mira! ¿Quién es este que viene allí? Es una criatura pobre, de aspecto delgado, que en la tierra estuvo débil y enferma gran parte de su vida. A menudo tenía fiebre y estaba pálida, y permaneció tres largos años en su lecho de enfermedad. ¿Era ella la hija de un príncipe? Porque parece que el cielo está haciendo un gran revuelo con ella.

No, era una niña pobre que se ganaba la vida con la aguja y ¡trabajó hasta morir! Cose, cose, cose desde la mañana hasta la noche, y ahí viene. Ella fue prematuramente a la tumba, pero viene, como una mata de trigo completamente madura, al cielo, y su Maestro le dice: *Bien, buen y fiel siervo; en pocas cosas has sido fiel; Sobre muchas cosas te pondré; entra en el gozo de tu señor.*

Ella ocupa su lugar al lado de Whitefield. Pregúntale qué hizo y descubrirás que solía vivir en una habitación trasera, en algún callejón oscuro de la ciudad. Aprenderás que había otra niña pobre que trabajaba con ella, y que esa pobre niña, cuando vino por primera vez a trabajar con ella, era una criatura frívola y alegre, y esta niña débil le habló de Cristo. Cuando la joven enfermiza se recuperaba lo suficiente como para salir de la habitación, solían ir juntas por la noche a la capilla o a la iglesia.

Al principio fue difícil lograr que la otra se fuera, pero ella solía instalar con cariño, y cuando la niña se volvía un poco loca, nunca la abandonó. Ella solía decir: "Oh Jane, desearía que amaras al Salvador". Cuando Jane no estaba allí, solía orar por ella y cuando estaba allí, oraba con ella. De vez en cuando, mientras cosía, le leía una página de la Biblia, porque la pobre Jane no sabía leer. Con muchas lágrimas trató de hablarle del Salvador que la amó y se entregó por ella.

Por fin, después de muchos días de difícil persuasión, muchas horas de triste desilusión y muchas noches de oración llena de lágrimas y sin dormir, vivió para ver a la niña profesar su amor a Cristo. Luego pronto la abandonó cuando su enfermedad progresó, y allí permaneció hasta que la llevaron al hospital, donde murió. Incluso cuando estaba en el hospital, tenía algunos folletos que entregaba a quienes venían a verla. Si podía, intentaría que las mujeres se acercaran y les daría un tratado.

Cuando entró por primera vez en el hospital, si podía levantarse de la cama, solía ponerse al lado de alguien que estaba muriendo y hablarle sobre Jesucristo y la eternidad. Cuando estaba demasiado enferma para levantarse de la cama, solía preguntarle a una mujer del otro lado de la sala, que estaba mejorando y pronto saldría del hospital, si podía ir a leerle un capítulo de la Biblia. No era que quisiera que le leyera por sí misma, sino por el bien de la mujer, porque pensó que podría afectar su corazón y su mente mientras lo leía.

Finalmente, esta pobre niña murió y se quedó dormida en Jesús, y escuchó a su Maestro decir: "Bien hecho". Nada mejor se le podría haber dicho, ni siquiera un arcángel. *Ella ha hecho lo que pudo* (Marcos 14:8).

Mirad, pues, el elogio del Maestro, y la última recompensa será la misma para todos los que hayan usado bien sus talentos. Si hay grados en la gloria, no se distribuirán según nuestros talentos, sino según nuestra fidelidad en usarlos. En cuanto a si hay grados o no, no lo sé, pero esto sí sé: al que hace la voluntad del Señor Jesús se le dirá: *Bien, siervo bueno y fiel.*

Capítulo 23

La luz de la tarde

Si nuestro sol no se pone antes del mediodía, podemos esperar tener una vida nocturna. O la muerte nos sacará de este mundo, o si Dios nos perdona, pronto llegaremos a la noche de la vida. Dentro de unos años más, la hoja seca y amarilla será la compañera adecuada de todo hombre y mujer. ¿Hay algo triste en eso? No lo creo. El tiempo de la vejez, con todas sus enfermedades, me parece un tiempo de especial bendición y privilegio para el Cristiano. Para el pecador mundano, cuyo apetito por el placer ha sido eliminado por la fragilidad de sus poderes y la decadencia de sus fuerzas, la vejez debe ser una época de embotamiento y dolor; pero para el veterano soldado de la cruz, la vejez debe ser sin duda un tiempo de gran gozo y bendición.

La otra noche, mientras cabalgaba por un país encantador, estaba pensando en lo similar que es la luz del atardecer a la vejez. El sol ardiente se ha puesto. Ese sol que brilló sobre nuestra primera piedad que no tenía mucha profundidad de raíz y se quemó hasta el punto de morir; ese sol que luego quemó nuestra verdadera piedad y a menudo la hizo casi marchitarse, y la habría marchitado si no hubiera sido plantada junto a los ríos de agua – ese sol ya se ha puesto. El buen anciano ya no tiene ningún cuidado especial en todo el mundo. A los negocios, al zumbido, al ruido y a las luchas de la época en que vive, les dice: "Ustedes no son nada para mí. Hacer seguro mi llamado y elección, mantener firmemente esta mi confianza y esperar hasta que llegue mi cambio: este es mi deber ahora. No tengo ninguna conexión con todos tus placeres y preocupaciones mundanos".

El trabajo de su vida está hecho. Ya no necesita sudar y trabajar como lo hacía en su juventud y madurez. Su familia ha crecido y ya no dependen de él. Puede ser que Dios lo haya bendecido y tenga provisión suficiente para las necesidades de su vejez, o puede ser que en algún asilo rústico exhale los últimos años de su existencia. ¡Qué calma y tranquilidad! Como el trabajador que, cuando regresa del campo por la tarde, se tumba en su lecho, así el anciano descansa de sus trabajos. Al atardecer nos reunimos en familias, se enciende el fuego, se corren las cortinas y nos sentamos alrededor del fuego familiar, para no pensar más en las cosas del gran mundo ruidoso; e incluso entonces, en la vejez, el tema apasionante es la familia, y no el mundo.

¿Alguna vez has notado cómo los abuelos respetables, cuando escriben una carta, la llenan de información sobre sus hijos? "Juan está bien", "María está enferma", "Nuestra familia goza de buena salud". Es muy probable que alguna empresa le escriba y le diga: "Las acciones han bajado" o "La tasa de interés ha aumentado", pero eso nunca se encuentra en ninguna de las cartas del buen anciano. Escribe sobre su familia, sus hijas recién casadas y cosas similares. Eso es precisamente lo que hacemos por la noche: sólo pensamos en el círculo familiar y nos olvidamos del mundo. Eso es lo que hace el anciano canoso. Piensa en sus hijos y se olvida de todo lo demás.

Pues bien, ¡qué dulce es pensar que para un hombre tan viejo hay luz en la oscuridad! *Al atardecer habrá luz* (Zacarías 14:7). No temas tus días de cansancio ni tus horas de decadencia. Oh soldado de la cruz, nuevas luces arderán cuando las viejas luces se hayan apagado. Se encenderán velas nuevas cuando las lámparas de la vida se apaguen. ¡No tengas miedo! Puede que la noche de tu decadencia esté llegando, *pero al atardecer habrá luz.*

Al anochecer, el Cristiano tiene muchas luces que nunca antes había tenido: luces que son encendidas por el Espíritu Santo y brillan por Su luz. Está la luz de una experiencia brillante. Puede mirar hacia atrás y puede levantar su Ebenezer diciendo: "Aquí con tu ayuda he llegado". Puede volver a mirar su vieja Biblia, la luz de su juventud, y decir: "Esta promesa me ha sido probada. Este pacto ha resultado ser cierto. He leído mi Biblia durante muchos años y nunca me he encontrado con una promesa incumplida. Todas las promesas se me han cumplido; Nada bueno ha fallado". *No faltó palabra de todas las cosas buenas que Jehová había hablado a la casa de Israel; todo sucedió* (Josué 21:45).

Entonces, si ha servido a Dios, tiene otra luz que le alegra: tiene la luz del recuerdo del bien que Dios le ha permitido hacer. Algunos de sus hijos espirituales vienen y hablan de momentos en que Dios bendijo su conversación en sus almas. Mira a sus hijos y a los hijos de sus hijos, levantándose para llamar bienaventurado al Redentor, y al atardecer tiene una luz.

Por fin la noche llega con toda certeza. Ha vivido lo suficiente y debe morir. El anciano está en su cama. El sol se está poniendo y ya no tiene luz. "Abre las ventanas y déjame mirar por última vez al cielo abierto", dice el anciano. "El sol se ha puesto. No puedo ver las montañas a lo lejos. Todos ellos son una masa de niebla. Mis ojos están oscuros y el mundo también está oscuro".

De repente, una luz ilumina su rostro y grita: "¡Oh hija!

¡Hija, aquí! Puedo ver salir otro sol. ¿No me dijiste que hace un momento se puso el sol? ¡Mira, veo otro! Y donde antes estaban esos cerros en el paisaje, esos cerros que se perdían en la oscuridad, puedo ver cerros que parecen bronce ardiendo, y creo que puedo ver en esa cumbre una ciudad tan brillante como el jaspe. Sí, y veo una puerta abriéndose y espíritus saliendo. ¿Qué es lo que dicen? ¡Ah, cantan! ¡Ellos cantan! ¡¿Es esto la muerte?!

Y antes de formular la pregunta, ha ido a donde no necesita responderla, porque allí la muerte es desconocida. Sí, ha traspasado las puertas de la perla. Sus pies están sobre las calles de oro. Su cabeza está adornada con la corona de la inmortalidad. En su mano está la palma de la eterna victoria. Dios lo ha aceptado en el amado. Para alabanza de la gloria de su gracia, en la que nos hizo aceptos en el amado (Efesios 1:6).

Capítulo 24

Camas demasiado cortas

Porque la cama es más corta de lo que el hombre
puede tumbarse en ella, y la manta más estrecha de
lo que puede envolverse en ella. (Isaías 28:20)

En cuanto al mundo actual, hay muchas camas inventadas
por el hombre. Un hombre se ha hecho una cama de oro.
Los postes de la cama son de plata. Su cubierta es de púrpura
de Tiro. Las almohadas están rellenas de plumón, como sólo
mucho oro fino podría comprarle. Las cortinas están bordadas
con hilos de oro y plata, y están dibujadas sobre anillos de marfil.
Esta persona ha buscado lujos por toda la tierra y se ha fabricado
toda clase de delicias suntuosas. Adquiere muchos acres de tierra
y añade casa en casa y campo en campo. Cava, se afana, trabaja,
esperando obtener lo suficiente, una herencia satisfactoria. Va de
empresa en empresa. Invierte su dinero en una esfera de trabajo
y luego en otra. Intenta multiplicar su oro hasta que sea más de lo
que se puede contar. Se convierte en un príncipe comerciante, en
un millonario, y se dice: *Alma, tienes muchos bienes guardados
para muchos años; descansa, come, bebe y regocíjate* (Lucas 12:19).

¿No envidias a este hombre su situación? ¿No hay algunos de ustedes cuyo único objetivo en la vida es hacer lo mismo por sí mismos? Dices: "Ha emplumado bien su nido. ¡Ojalá pudiera hacer lo mismo por mí!" Ah, ¿pero sabes que esta cama es más corta que lo que él puede estirarse sobre ella? Si te arrojas sobre ella por un momento, crees que la cama es lo suficientemente larga para ti, pero no lo es para él.

Muchas veces he pensado que las riquezas de muchos hombres serían suficientes para mí, pero no son suficientes para él. Si los convierte en sus dioses y busca en ellos su felicidad, nunca descubrirás que el hombre tiene suficiente dinero. Todavía cree que sus tierras son demasiado estrechas y su propiedad demasiado pequeña. Cuando comienza a estirarse, descubre que necesita algo más. Si la cama pudiera hacerse un poco más larga, entonces cree que podría estar satisfecho y tener suficiente espacio. Pero cuando la cama se alarga, descubre que él también ha crecido. Cuando su fortuna ha crecido tanto como la cama de Og, rey de Basán, incluso entonces descubre que no puede acostarse en ella fácilmente. *Porque del resto de los gigantes sólo había quedado Og, rey de Basán; he aquí, su cama era una cama de hierro; ¿No está en Rabbat de los hijos de Amón? Nueve codos tenía su longitud y cuatro codos su ancho, según el codo de un hombre* (Deuteronomio 3:11).

Leemos de un hombre, Alejandro, que se extendió por todo el mundo que había conquistado, pero descubrió que no había lugar y comenzó a llorar porque no había otros mundos que conquistar. Se habría pensado que una pequeña provincia le habría bastado para descansar. Oh, no, tan grande es el hombre cuando se esfuerza que el mundo entero no le basta. No, pero si Dios diera a los codiciosos todas las minas del Perú, todos los brillantes diamantes de la Golconda, de la India, y todas las riquezas del mundo, y si luego transformara las estrellas en oro y plata y convirtiera a estos codiciosos en emperadores de todo un universo, ni siquiera entonces la cama sería lo suficientemente larga para poder estirar sus deseos cada vez más prolongados. El alma es más amplia que la creación y más amplia que el espacio. Incluso si a estas personas se les diera todo, todavía estarían insatisfechas y no encontrarían descanso.

Dices: "Eso es extraño. Si tuviera un poco más, estaría muy satisfecho". Cometes un error: si no estás contento con lo que tienes, no estarías satisfecho si te lo duplicaran.

"No", dice alguien, "lo estaría". No te conoces a ti mismo. Si has puesto tu cariño en las cosas de este mundo, ese cariño es como una sanguijuela de caballo; grita: *Da, da* (Proverbios 30:15). *Chupará, chupará, chupará por toda la eternidad, y seguirá llorando: Da, da; y aunque lo habéis dado todo, no ha sido suficiente. De hecho, la cama es más corta de lo que un hombre puede estirarse en ella.*

Miremos en otra dirección. Otras personas han dicho: "Bueno, a mí no me interesa el oro ni la plata. Doy gracias a Dios porque no soy codicioso". Sin embargo, han perseguido la fama y el gran éxito. "Oh", dice alguien, "¡qué no haría yo para ser famoso! Si mi nombre pasara a la posteridad por haber hecho algo y haber sido alguien, una persona importante, ¡qué satisfecho estaría!

Y esa persona ha actuado de tal manera que finalmente se ha hecho un lugar de honor. Se ha hecho famoso. Apenas hay periódico que no registre su nombre. Su nombre se ha convertido en una palabra familiar. Las naciones escuchan su voz. Miles de trompetas proclaman sus hazañas. Es un hombre y el mundo lo sabe y le pone el calificativo de "grande". Se le llama un "gran hombre". ¡Mira qué linda es su situación! ¡Qué darían algunos de ustedes por tener lo mismo! Respira el aliento de la fama y huele la fragancia de los aplausos. El mundo espera refrescarlo con nuevos halagos. ¡Oh, no darías tus oídos y tus ojos si pudieras estar en una situación similar!

Pero, ¿alguna vez leíste la historia de personajes famosos o los escuchaste contar su historia en secreto? "Inquieta yace la cabeza que lleva la corona", aunque sea la corona de laurel del honor. Cuando se conoce a la persona, se ve que no es suficiente; pide elogios más amplios. Hubo un tiempo en que la admiración de una pareja de ancianos era para él fama. Ahora la estima de diez mil es nada. Habla de las personas como si no fueran más que manadas de asnos salvajes, y lo que alguna vez consideró un alto pináculo ahora lo considera bajo sus pies.

Debe ir más y más alto. Aunque su cabeza da vueltas, su cerebro da vueltas y sus pies resbalan, debe ir más alto. Ha hecho grandes cosas, pero debe hacer más. Parece recorrer el mundo a grandes zancadas, pero piensa que debe dar un paso más aún, porque el mundo nunca creerá que nadie es famoso a menos que él se supere constantemente a sí mismo. No sólo debe hacer algo grande hoy, sino que también debe hacer algo mayor mañana, y al día siguiente algo aún mayor. Debe apilar sus montañas unas sobre otras hasta subir al mismísimo Olimpo de los semidioses.

Sin embargo, supongamos que llega allí. ¿Qué dice? "Oh, si pudiera regresar a mi cabaña, que pudiera ser desconocido, que pudiera descansar con mi familia y tener paz y tranquilidad. La popularidad es un cuidado que nunca soporté hasta ahora. Es un problema que nunca imaginé. Déjame perderlo todo. ¡Déjame volver! Está harto de eso, porque el hecho es que nunca podemos estar satisfechos con nada que no sea la aprobación del cielo, y hasta que la conciencia logre eso, todos los aplausos de senadores y príncipes serían una cama más corta de lo que un hombre podría estirarse.

Hay otra cama en la que el hombre cree poder descansar. Hay una hechicera, una ramera pintada, que lleva las más ricas gemas en las orejas y un collar de cosas preciosas alrededor del cuello. Ella es una vieja engañadora. Ella era vieja y arrugada en los días de Bunyan. Se condecoró entonces, lo hace ahora y lo seguirá siendo mientras el mundo perdure. Ella deambula y los hombres la consideran joven, bella, encantadora y deseable. Su nombre es Señora Licenciosa. Tiene una casa donde alimenta a los hombres y los emborracha con el vino del placer, que es como miel al gusto, pero veneno para el alma. Esta hechicera, cuando puede, atrae a los hombres a su cama. "Ahí", dice, "¡con qué delicadeza lo he extendido!"

Es una cama cuyos pilares son el placer. Arriba está el púrpura de la alegría y debajo está la suave serenidad de la lujosa autocomplacencia. ¡Oh, qué cama es ésta! Salomón una vez yació en ella, y muchos desde su tiempo han buscado allí su descanso. Han dicho: "Fuera con vuestro oro y vuestra plata. Déjame gastarlo para comer, beber y divertirme, porque mañana moriré. No me hables de la fama; No me importa. Preferiría los placeres de la vida o las alegrías de Baco que la gloria de la fama. Déjame entregarme a la embriaguez de los deleites de este mundo. Déjame ahogarme en la tinaja de vino de las alegrías de este mundo".

¿Habías visto alguna vez a hombres así? He visto a muchos y he llorado por ellos. Conozco algunos ahora. Se están estirando en esa cama, tratando de ser felices. Lord Byron es un retrato de esos hombres, aunque superó a los demás. ¡Qué cama aquella en la que se tendió! ¿Hubo alguna vez un libertino más libre en su pecado? ¿Hubo alguna vez un pecador más salvaje en su blasfemia? ¿Hubo alguna vez un poeta más atrevido en sus vuelos de pensamiento? ¿Hubo alguna vez alguien más perjudicial para sus semejantes que él?

Sin embargo, ¿qué dijo Byron? Hay un verso suyo que te dice exactamente lo que sentía en su corazón. El hombre tenía todo lo que quería de placer pecaminoso, pero aquí está su confesión:

> Vuelo, como un pájaro del aire,
> En busca de un hogar y un descanso;
> Un bálsamo para la enfermedad del cuidado,

Una dicha para un pecho no bendecido.

Sin embargo, no lo encontró. No tuvo descanso en Dios. Probó el placer hasta que sus ojos se enrojecieron. Probó la maldad hasta que su cuerpo enfermó. Descendió a su tumba siendo un anciano prematuro. Si le hubieran preguntado y hubiera hablado honestamente, habría dicho que la cama era más corta de lo que podía estirarse en ella.

No, joven, puedes tener todo el pecado y todo el placer y la diversión de este mundo – y hay mucho por encontrar, de lo cual no haré mención aquí – y cuando lo tengas todo, descubrirás que no es así. No iguala tus expectativas ni satisface tus deseos. Cuando el diablo te traiga una copa de vino con especias, la próxima vez le pedirás que lo condimente más. Él lo aromatizará a tu gusto ardiente, pero seguirás insatisfecho, hasta que al final, si te trajera una taza tan caliente como la condenación, caería insípida en tu paladar. Dirías: "Incluso esto me resulta insípido, excepto por el dolor, el amargo ajenjo y el fuego que produce".

Así ocurre con todos los placeres mundanos. Esto no tiene fin. Es una sed perpetua. Es como el adicto al opio. Come un poco y sueña maravillas tan extrañas; se despierta y ¿dónde están? Estos soñadores, cuando están despiertos, parecen hombres muertos, con vida suficiente para poder arrastrarse. La próxima vez, para llegar al estado deseado, deben tomar más opio, y la próxima vez más y más, y mientras tanto van descendiendo gradualmente por un plano inclinado hacia sus tumbas. Ése es simplemente el efecto del placer humano y de todos los deleites carnales y mundanos. Sólo terminan en destrucción. Incluso mientras duran, no son lo suficientemente anchas para nuestro deseo ni lo suficientemente grandes para nuestras expectativas, *porque la cama es más corta de lo que un hombre puede estirarse en ella.*

Ahora piense por un momento en el Cristiano y vea la imagen al revés. Me imaginaré al Cristiano en su peor estado, aunque no hay razón para hacerlo. El Cristiano no es necesariamente pobre; Puede que sea rico, pero supongamos que es pobre. No tiene un pie de tierra que pueda considerar suyo. Vive día a día y vive bien, porque su Maestro le guarda un buen armario y le proporciona todo lo que necesita. No tiene nada en este mundo excepto la promesa de Dios con respecto al futuro. El hombre mundano se ríe de la promesa y dice que no sirve para nada.

Ahora mire al Cristiano. Él dice:

No hay nada alrededor de este espacioso globo,
Lo cual se adapta a mis grandes deseos;
A alegrías más nobles que las que ofrece la naturaleza,
Tu siervo, Señor, aspira.

¿Qué, pobre hombre? ¿Estás perfectamente contento? "Sí", dice. "Es la voluntad de mi Padre que yo viva en la pobreza. Estoy perfectamente contento".

"¿Pero no hay nada más que desees?"

"Nada", responde. "Tengo la presencia de Dios. Me deleito en la comunión con Cristo. Sé que tengo guardada una corona de vida que no se desvanece, y no hay nada más que pueda desear. Estoy perfectamente contento. Mi alma está en reposo".

Desde ahora me está guardada la corona de justicia, la cual el Señor, juez justo, me dará en aquel día, y no sólo a mí, sino también a todos los que han amado su venida. (2 Timoteo 4:8)

Cuando aparezca el gran Príncipe de los pastores, recibiréis la corona incorruptible de gloria. (1 Pedro 5:4)

Capítulo 25

Celo equivocado

Aquellos que no tienen vida ni energía pueden arruinarse fácilmente, pero no es probable que dañen a otros; pero un fanático equivocado es como un loco con una antorcha en la mano. ¡Las personas celosas y también equivocadas pueden causar mucho daño! ¡Mira a esos escribas y fariseos en los días de Cristo! Eran muy celosos y bajo la presión de su celo crucificaron al Señor de la gloria. ¿Qué hizo Saúl en su tiempo? Era muy celoso, y bajo la influencia de su celo arrastró a hombres y mujeres a la cárcel, trató de hacerlos blasfemar, y cuando fueron ejecutados, dio su voz contra ellos.

No dudo que muchos de los que quemaron a los mártires eran tan sinceros en su fe como aquellos a quienes quemaron. De hecho, debe haber sido necesaria una increíble cantidad de sinceridad en el caso de algunos para poder creer que las crueldades que practicaban realmente agradaban a Dios. No podemos dudar de que tuvieran tanta sinceridad. ¿No dijo nuestro Señor mismo: *Incluso llegará la hora en que cualquiera que os mate, pensará que rinde servicio a Dios* (Juan 16:2)?

Documentos escritos por hombres que se mancharon las manos con la sangre de protestantes prueban que algunos de ellos tenían un corazón recto hacia Dios. En su celo equivocado por Dios, la verdad y la unidad de la iglesia, creían que estaban aplastando un error muy mortal, y que las personas que enviaban a prisión y a muerte eran criminales que deberían haber sido exterminados porque eran destructores de las almas de los hombres.

Tengan mucho cuidado de que ninguno de ustedes caiga en espíritu de persecución por su celo por el evangelio. Una buena mujer puede ser intensamente celosa, y por esa razón puede decir: "No permitiré que trabaje en mi casa alguien que no vaya a mi lugar de adoración". He conocido a terratenientes, maravillosamente celosos de la fe, que por lo tanto han expulsado a todos los disidentes de sus casas y se han negado a alquilar una de sus granjas a un inconformista.

No me sorprende su conducta. Si son celosos y al mismo tiempo ciegos, naturalmente se dedicarán a exterminar a los hijos de Dios. Por supuesto, en su celo sienten que deben erradicar el error y el cisma. No quieren tener el inconformismo cerca de ellos, así que se ponen a trabajar y, en su celo, cortan a diestra y siniestra. Dicen cosas fuertes y cosas amargas, y luego proceden a hacer cosas crueles, cosas muy crueles, creyendo realmente que, en todo lo que hacen, están sirviendo a Dios.

No se dan cuenta de que están violando los derechos de la corona de Dios, quien es el único Señor de las conciencias de los hombres. No se opondrían a la voluntad de Dios si supieran que lo están haciendo y, sin embargo, lo están haciendo. No entristecerían voluntariamente los corazones de aquellos a quienes Dios ama y, sin embargo, lo hacen cuando oprimen al humilde campesino por su fe. Consideran que los pobres que difieren un poco de ellos están atrozmente equivocados y consideran que es su deber enfrentarse a ellos. Entonces, bajo la influencia del celo que los motiva, que en sí mismo es algo bueno, son llevados a hacer lo que es pecaminoso e injusto. Por eso el apóstol Pablo, después de haber sentido el peso de las piedras de las manos de los judíos, oró para que pudieran ser salvos, porque si no se salvaban, su celo por Dios continuaría convirtiéndolos en asesinos.

Otra razón por la que deseamos ver convertidos a los celosos es porque serían muy útiles. La persona que es desesperadamente seria en el sentido equivocado será igualmente seria en el sentido correcto, si puedes mostrarle lo que está mal y enseñarle lo que es correcto. ¡Oh, qué cristianos espléndidos serían algunos que ahora son tan devotos de la religión y la tradición! A pesar de sus creencias infalibles, miro con admiración a muchos feligreses religiosos. Se levantan temprano en la mañana o tarde en la noche, dispuestos a practicar toda clase de mortificaciones, a dar sus propios cuerpos para ser quemados, a dar sus bienes en limosna, dispuestos a ofrecer oraciones sin número y a ser obedientes a ritos y ceremonias sin fin. ¿Qué más podría exigir la religión externa de los hombres mortales? ¡Oh, si pudiéramos lograr que estos se sentaran a los pies de Jesús, dejaran las filacterias y las vestiduras de amplios bordes, adoraran a Dios en espíritu y no tuvieran confianza en la carne, *qué maravillosos cristianos serían! Pero hacen todas sus obras para ser vistos de los hombres: ensanchan sus filacterias y ensanchan los bordes de sus vestidos* (Mateo 23:5).

Observa lo que era el mismo Pablo, cuando, considerando todo lo que había valorado tan querido como basura, lo dejó todo atrás y comenzó a predicar la salvación solo por gracia.

Incluso estimo todas las cosas como pérdida por la excelencia del conocimiento de Cristo Jesús, mi Señor, por amor del cual lo he perdido todo, y lo tengo por basura, para ganar a Cristo y ser hallado en él, no teniendo mi propia justicia, que es por la ley, sino la que es por la fe de Cristo, la justicia que es de Dios por la fe. (Filipenses 3:8-9)

Mientras Pablo viajaba por el mundo como un relámpago y

predicaba el evangelio como con un trueno, amó, vivió y murió por el Nazareno, a quien una vez en su celo había considerado un impostor. La gente debe orar con todas sus fuerzas por aquellos que son celosos, pero se equivocan, *que tienen celo de Dios, pero no según conocimiento* (Romanos 10:2). Estamos obligados a hacer de estas personas objeto de oración especialmente ferviente porque es muy difícil convertirlos. Realmente se requiere el poder de Dios para convertir a alguien, pero parece haber una doble manifestación de poder en la conversión de un intolerante absoluto cuando su intolerancia está asociada con una densa ignorancia y un error flagrante.

"Oh", dice, "hago lo correcto. Soy estricto en mi religión. Mi justicia me salvará". No puedes lograr que deje de creer eso. Es más fácil sacar a un pecador de su pecado que a una persona moralista de su superioridad moral. La presunción de nuestra propia justicia se nos pega como la piel a la carne. Es más fácil que un leopardo pierda sus manchas que un hombre orgulloso su superioridad moral. ¡Oh, esa justicia nuestra! Nos gusta mucho. Nuestro orgullo lo abraza. Nos gusta mucho pensar que somos buenos, rectos, verdaderos y correctos ante los ojos de Dios por naturaleza, y aunque somos derrotados en esa creencia con muchos azotes, nuestra tendencia es siempre volver a ella.

La justicia propia está ligada al corazón del hombre como la necedad en el corazón de un niño (Proverbios 22:15). *Aunque rebuznes a un necio en un mortero entre trigo con una maja, su necedad moralista no se apartará de él* (Proverbios 27:22). Se aferrará a su creencia de que, después de todo, es una buena persona y merece ser salvado. Por lo tanto, debemos orar de manera muy especial por esas personas, sabiendo que la superioridad moral es un foso profundo y que es difícil sacar a esas personas de allí una vez que han caído en él.

Los prejuicios (opiniones preconcebidas que no se basan en la verdad o la razón) de todos los demás oponentes son uno de los peores que hay que superar. La puerta está cerrada. Puedes tocar todo el tiempo que quieras, pero el hombre no abrirá. No puede. Está cerrada con llave y ha tirado la llave. Puedes decirle: "Estás equivocado, buen amigo", pero él está tan seguro de que tiene razón, que tu explicación y razonamiento sólo harán que se enoje más contigo por intentar perturbar su paz.

¡Oh Dios! ¿Quién sino Tú puede sacar a una persona de este barro cenagoso de justicia propia? Por eso clamamos a Ti, por Tu gran gracia, para que lo hagas.

Por estas y muchas otras razones, aquellos que tienen celo por Dios, pero no según conocimiento, deben tener un lugar esencial en nuestras incesantes oraciones.

Capítulo 26

Egoísmo cómodo

El egoísmo cómodo es el pecado acerca del cual el Espíritu de Dios dice por medio de Moisés: *Ten por seguro que tu pecado te alcanzará* (Números 32:23). Un clérigo educado ha predicado un sermón sobre el pecado de asesinato a partir de este texto, otro sermón sobre el robo y otro sobre la falsedad. Son muy buenos sermones, pero no tienen nada que ver con este texto, si se lee como lo pronunció Moisés. Si se toma el texto tal como está, no hay nada en él sobre asesinato o robo ni nada por el estilo. De hecho, no se trata de lo que la gente hace, sino de lo que la gente no hace. La iniquidad de no hacer nada es un pecado del que no se habla tan a menudo como debería. Un pecado de omisión está claramente dirigido a esta advertencia: *Si no lo hacéis, he aquí, habéis pecado contra el Señor, y estad seguros de que vuestro pecado os alcanzará.*

¿Cuál fue entonces este pecado? Recuerda que es el pecado del propio pueblo de Dios. No es el pecado de los egipcios y filisteos, sino el pecado de la nación escogida de Dios. Por lo tanto, este texto es para ustedes que pertenecen a cualquiera de las tribus de Israel, ustedes a quienes Dios les ha dado una porción entre Sus amados. Es a ustedes, Cristianos profesos y miembros de iglesia, a quienes llega el texto: *Tengan la seguri-dad de que su pecado los alcanzará.*

¿Cuál es ese pecado? Lamentablemente, es común entre los Cristianos profesos y es necesario abordarlo. Es el pecado que lleva a muchos a olvidar su lugar en la guerra santa que debe llevarse a cabo por Dios y por su iglesia. En este crimen se entrelazan muchos males y debemos tratar de separarlos y ordenarlos ante nuestros ojos.

Primero, fue el pecado de la ociosidad y la autocomplacen-cia. Las tribus de Rubén, Gad y la mitad de Manasés querían permanecer de este lado del río Jordán en lugar de entrar en la tierra prometida. *"Tenemos ganado y aquí hay una tierra que produce muchos pastos. Tengamos esto para nuestro ganado, y construiremos rediles para nuestras ovejas con las abundantes piedras que hay por ahí. Reconstruiremos estas ciudades de los amorreos y habitaremos en ellas. Están casi listos para recibir-nos, y allí nuestros pequeños morarán cómodamente. No nos importa pelear. Ya hemos visto suficiente de esto en las guerras con Sehón y Og. Rubén preferiría quedarse en los rediles. Gad se deleita más en el balido de las ovejas y en abrigar los corderos en su seno, que en salir a la batalla"* (Números 32).

La tribu de Rubén no ha muerto; ¡La tribu de Gad no ha desaparecido! Muchos todavía son así hoy. Muchos de los que pertenecen a la familia de la fe son igualmente reacios al esfuerzo y gustan igualmente de la comodidad. Escúchelos decir: "¡Gracias a Dios estamos a salvo! Hemos pasado de muerte a vida. Hemos invocado el nombre de Cristo. Somos lavados en Su preciosa sangre y, por lo tanto, estamos seguros".

Luego, con una extraña inconsistencia, permiten que el mal de la carne anhele la comodidad carnal, y claman: *Alma, muchos bienes tienes guardados para muchos años; descansa, come, bebe y regocíjate* (Lucas 12:19). La autocomplacencia espi-ritual es un mal monstruoso, pero lo vemos por todas partes.

El domingo estos holgazanes quieren estar bien alimentados. Buscan sermones que alimenten sus almas. A estas personas no se les ocurre que hay algo más que hacer además de alimentarse. La salvación de almas pasa a un segundo plano. La multitud está pereciendo a sus puertas. Las multitudes con sus pecados contaminan el aire. La época está empeorando cada vez más y la humanidad se está volviendo cada vez más malvada, pero esta gente quiere que se les prediquen cosas agradables. Comen la grasa y beben lo dulce, y se agolpan en la fiesta del contentamiento, la diversión y la tranquilidad. Los festivales espirituales son su deleite. Buscan seminarios, conferencias y entretenimiento emocional, pero no quieren oración ferviente ni sermones convincentes.

No quieren nada que implique esfuerzo, trabajo o sacrificio. No llevan ninguna armadura. No empuñan espada, no empuñan honda y no arrojan piedra. No, han conseguido lo que querían. Van a la iglesia y piensan que están en camino al cielo, y se sientan en seguridad carnal, satisfechos de no hacer nada. No trabajan ni para la vida ni de la vida. Son unos completos holgazanes, tan vagos como son de largos. En ningún lugar están en casa excepto donde pueden divertirse y tomarse las cosas con calma. Aman sus camas, pero no aran ni cosechan los campos del Señor.

Este es el pecado señalado en el texto: si no vas a las batallas del Señor y contiendes por el Señor Dios y por Su pueblo, pecas contra el Señor – y ten por seguro que tu pecado te alcanzará. El pecado de no hacer nada es el mayor de todos los pecados, ya que involucra a la mayoría de los demás pecados. El pecado de quedarse quieto mientras tus hermanos salen a la guerra rompe ambas tablas de la ley y conlleva una enorme idolatría de uno mismo, que no permite el amor a Dios ni a los demás. ¡Horrible ociosidad! ¡Dios nos salve de ello!

Capítulo 27

Se sobrio

ed templados [sobrios] (1 Pedro 1:13; 5:8). Se serio, sensato, solemne, firme, reflexivo y correcto. Eso significa mostrar moderación en todas las cosas. No se emocionen tanto de alegría como para volverse infantiles. No se embriaguen ni deliren con ganancias u honores mundanos. Por otra parte, no se depriman demasiado por los problemas pasajeros. Hay algunos que están tan lejos de la moderación que si algo les sale mal, están dispuestos a gritar: "¡Déjenme morir!". No, no.

Se templado. Ten la mente lúcida. Sigue por el camino estrecho. Hay muchas personas para quienes esta exhortación es muy necesaria. ¿No hay personas a nuestro alrededor que tienen calor hoy y frío mañana? Su calor es abrasador y su frío gélido. Podrías pensar que eran ángeles por la forma en que hablan un día, pero podrías pensar que son ángeles de otro tipo por la forma en que actúan en otros momentos. O están tan arriba o tan abajo que en cualquier caso son extremos. Hoy se dejan llevar por esto y al día siguiente se dejan llevar por aquello.

Conocía muy bien a un hombre Cristiano a quien estaba acostumbrado a utilizar un saludo específico cada vez que lo veía. Era un buen hombre, pero cambiante. Le dije: "¡Buenos días amigo! ¿Qué eres ahora? Una vez fue un valiente arminiano que enderezó a los jóvenes en cuanto a los errores de mis enseñanzas calvinistas. Poco tiempo después, él mismo se volvió extremadamente calvinista y quiso elevarme varios grados más, pero me negué a ceder. Pronto se hizo bautista y, hasta donde yo sé, estuvo de acuerdo conmigo en todos los puntos. Esto no fue lo suficientemente bueno y, por lo tanto, se convirtió en Plymouth Brothers. Después de eso, regresó a la iglesia de donde originalmente había comenzado.

La próxima vez que lo vi, le dije: "Buenos días, hermano. ¿Qué eres ahora?

Él respondió: "Eso es una lástima, Sr. Spurgeon; Me hiciste la misma pregunta la última vez".

Respondí: "¿Lo hice? ¿Pero qué eres ahora? ¿Valdrá la misma respuesta?

Sabía que no lo haría. A todos esos hermanos les diría fervientemente: "Sean sobrios. Mantente sobrio". No puede ser prudente tambalearse por el camino de esta manera. Asegúrate de tu equilibrio cuando estas de pie; asegúrate doblemente de ello antes de cambiar.

Ser sobrio (*templado*) significa tener la cabeza tranquila y clara, juzgar las cosas según las reglas del derecho y no según las reglas de la multitud. No se dejen influenciar por los que lloran más fuerte en la calle ni por los que tocan el tambor más grande. *Juzguen* ustedes mismos como personas comprensivas. Juzga como ante los ojos de Dios con calma y deliberación.

Sea templado. Es decir, tener la cabeza lúcida. *La persona que bebe, y así destruye* la sobriedad de su cuerpo, está confundida y desorientada y ha perdido el rumbo. Al dejar de estar sobrio, se pone en ridículo. No cometas este pecado espiritualmente. Sean especialmente lúcidos y tranquilos en cuanto a las cosas de Dios. Pide que la gracia de Dios gobierne tu corazón de tal manera que puedas estar en paz y sereno y no estar preocupado por temores infundados por un lado o por esperanzas necias por el otro.

Sed templados, dice el apóstol. Las palabras traducidas como *ser templados a veces significan "estar vigilantes"* y, de hecho, hay mucho en común entre las dos cosas. Vive con los ojos abiertos; no andes medio dormido. Muchos Cristianos están dormidos. Congregaciones enteras están dormidas. El ministro ronca teología y la gente en los bancos asiente a coro.

Gran parte del trabajo sagrado se realiza con un estilo soñoliento. Puedes tener una escuela dominical y los maestros y los niños pueden estar dormidos. Puedes tener una sociedad de distribución de folletos con visitantes que se acercan a las puertas y todos duermen. Puedes hacer todo de forma letárgica si así lo deseas. Pero el apóstol Pablo dice: estad alerta, estad vivos. Hermanos, mirad vivos. Despiértense tanto por estos excelentes argumentos que ya les hemos proporcionado que se animarán y pondrán todas sus fuerzas al servicio de su Señor y Maestro.

Finalmente, esperemos hasta el final. Por tanto, teniendo *ceñidos los lomos de vuestro entendimiento con templanza, esperad perfectamente en la gracia que se os presentará cuando Jesús, el Cristo, se manifieste en vosotros* (1 Pedro 1:13). Nunca desesperes. Ni siquiera dudes. Ten esperanza cuando las cosas parecen desesperadas. Un hermano enfermo y sufriente me reprendió el otro día por estar abatido. Me dijo: "Nunca debemos mostrar falta de coraje, pero creo que a veces sí lo haces".

Le pregunté qué quería decir y respondió: "A veces parece que te vuelves abatido y triste. Estoy a punto de morir, pero no tengo nubes ni miedos".

Me alegré de verlo tan alegre y le respondí: "Así es, hermano mío. Cúlpame todo lo que quieras por mi incredulidad. Me lo merezco ampliamente".

"Eres el padre de muchos de nosotros", dijo. "¿No nos trajiste a mí y a mi amigo allí a Cristo? Si te deprimes de espíritu después de tanta bendición, deberías avergonzarte de ti mismo".

No pude decir nada más que: "Me avergüenzo de mí mismo y deseo tener más confianza en el futuro".

Hermanos, debemos esperar y no temer. Sean fuertes en la santa confianza en la Palabra de Dios y esté seguro de que Su causa vivirá y prosperará. Esperanza, dice el apóstol. Esperanza hasta el final. Continúe con esto. Si lo peor llega a ser peor, todavía hay esperanza. Espera tanto como una persona puede esperar, porque cuando tu esperanza está en Dios, no puedes esperar demasiado.

La esperanza no será avergonzada, porque el amor de Dios es derramado en nuestros corazones por el Espíritu Santo que nos es dado. (Romanos 5:5)

Y creyendo, el Dios de la esperanza os colme de todo gozo y paz, para que abundéis en esperanza por la virtud del Espíritu Santo. (Romanos 15:13)

Capítulo 28

A través de inundaciones y llamas

Hay muchos niños queridos, tanto niños como niñas, que no se han avergonzado desde sus primeros días de presentarse y confesar al Señor Jesucristo. ¡Dios bendiga a los queridos niños! Me regocijo en ellos. Estoy seguro de que la iglesia nunca tendrá que avergonzarse de haberlos admitido. Ellos, al menos, no muestran cobardía. Se complacen en ser contados entre el pueblo de Dios y consideran un honor estar asociados con Cristo y su pueblo.

¡Qué vergüenza para los mayores que todavía se reprimen! ¿Qué te preocupa que los niños sean más valientes que tú? ¡Por el amor que le tienes a Cristo, te exhorto a que vengas y confieses Su nombre entre esta generación malvada y perversa!

¿Es verdad? Luego acepta con alegría la prueba que de ello se deriva. No te alejes de las llamas. Establezcan en sus mentes que, por la gracia divina, ninguna pérdida, cruz, vergüenza o sufrimiento les hará actuar como cobardes. Di, como los santos niños Sadrac, Mesac y Abednego: No tenemos cuidado de responderte en este asunto (Daniel 3:16). No se acobardaron ante el rey y gritaron: "¡Te rogamos que no nos arrojes al horno de fuego! Tengamos una conversación contigo, oh rey, para que podamos acordar algunos términos y condiciones. Puede que haya alguna forma de complacerte y seguir manteniendo nuestra religión".

¡No! Dijeron: *No tenemos cuidado de responderte en este asunto. He aquí nuestro Dios a quien servimos puede librarnos del horno de fuego ardiendo, y de tu mano, oh rey, nos librará. Pero si no, sabes, oh rey, que no adoraremos a tu dios, ni honraremos la estatua que has levantado* (Daniel 3:16-18).

Queridos amigos, estemos dispuestos a sufrir por causa de Cristo. Algunos dirán: "No seas imprudente". Siempre es prudente cumplir con su deber. Hoy en día no tenemos suficiente de la virtud llamada imprudencia. Me gustaría ver una muestra de imprudencia a la antigua usanza en estos días fríos, calculadores y egoístas. ¡Oh, por los días de celo, los días en que la gente no consideraba sus vidas caras para poder ganar a Cristo! *Ninguna de estas cosas me conmueve, ni estimo mi vida como cara, sólo para terminar mi carrera con gozo y el ministerio que he recibido del Señor Jesús, para testificar el evangelio de la gracia de Dios* (Hechos 20:24).

La gente se sienta y calcula lo que les costará hacer lo correcto, sopesando su conducta como una cuestión de pérdidas y ganancias, y luego llaman prudencia a esos cálculos perversos. Es un egoísmo total. Haz lo correcto, incluso si te cuesta la vida. ¿Dónde habría estado Inglaterra si los hombres que ganaron nuestras libertades en épocas pasadas hubieran negociado con el mundo para obtener ganancias? Si se hubieran salvado el pellejo, habrían perdido el alma y habrían arruinado la causa de Dios en Inglaterra. El que no ama a Cristo más que a todas las cosas, no le ama. ¡Oh, por los hombres y mujeres de principios, que no consideran nada como pérdida excepto la pérdida de la fe, y no desean ninguna ganancia excepto la gloria de Dios!

Que este sea tu grito:

A través de inundaciones y llamas, si Jesús lidera,
Lo seguiré a donde vaya.

Puedes perder mucho por Cristo, pero nunca perderás nada por Cristo. Puedes perder por tiempo, pero ganarás por la eternidad. La pérdida es sólo por un corto tiempo, pero la ganancia es eterna. Ganarás en Cristo, incluso si tienes que ir al cielo por el camino de la persecución, la pobreza y la calumnia. No importa el camino; el final hará las paces por completo. Los tesoros de Egipto son pura basura comparados con las riquezas del deleite infinito.

Si es cierto que estás dispuesto a seguir plenamente a Cristo, entonces puedes contar con ser rescatado. Nabucodonosor puede arrojarlos al fuego, pero no puede retenerlos allí ni hacer que el fuego los queme. El Enemigo los arroja atados al fuego; sin embargo, el fuego soltará sus ataduras, y caminarán en libertad entre las brasas. Ganarás con tus pérdidas. Te levantarás siendo abatido.

Muchas personas prósperas deben su éxito al hecho de que fueron fieles cuando tenían empleos humildes. Eran honestos y, por el momento, podrían haber disgustado a sus empleadores, pero al final se ganaron su estima. Cuando Adam Clarke era aprendiz y su maestro le mostró cómo estirar la tela cuando era un poco corta, Adam no pudo encontrar la fuerza para hacerlo. Un niño tan tonto debía ser enviado a casa con su madre, y su piadosa madre se alegraba de que su hijo fuera tan tonto que no podía rebajarse a un truco deshonesto.

Ya sabes en qué se convirtió. Podría haberse equivocado en la vida si no hubiera sido fiel a sus principios en su juventud. Su primera pérdida puede ser una ganancia para toda la vida. Querido joven, es posible que pierdas un trabajo o amigos, pero el Señor convertirá la maldición en una bendición. Si todo te fuera bien, podrías decaer en tu carácter, y al hacer un poco de mal, podrías aprender a hacer más y más mal, y así perder tu integridad, y con ella toda esperanza de avanzar alguna vez en la vida. Haz lo correcto por amor a Jesucristo, sin considerar las consecuencias, y las consecuencias serán correctas y enviadas del cielo.

Capítulo 29

Muestra tus convicciones

E l hecho es que nuestro Señor requiere una confesión abierta, así como una fe secreta. Si no lo das, no hay ninguna promesa de salvación para ti, sino más bien una amenaza de que al final te lo negarán. El apóstol Pablo lo expresa de esta manera: *Si confiesas con tu boca que Jesús es el Señor, y crees en tu corazón que Dios le levantó de los muertos, serás salvo* (Romanos 10:9). En otro lugar como este se dice: *El que creyere y fuere bautizado, será salvo* (Marcos 16:16). Ésa es la manera en que Cristo hace nuestra confesión de Él.

Si hay una fe verdadera, debe haber una declaración de ella. Si eres una vela, y Dios te ha encendido, entonces *así brille tu luz delante de los hombres, para que vean tus buenas obras y glorifiquen a tu Padre que está en los cielos* (Mateo 5:16). Los soldados de Cristo deben, como los soldados de nuestra nación, usar sus uniformes; y si se avergüenzan de sus uniformes, deberían ser expulsados del ejército. No son soldados honestos que se niegan a marchar en fila con sus camaradas.

Lo mínimo que el Señor Jesucristo puede esperar de nosotros es que lo confesemos lo mejor que podamos. Si están clavados en una cruz, no los invitaré a ser bautizados. Si estás atado a un árbol para morir, no te pediré que subas a un púlpito y declares tu fe, porque no puedes. Pero se requiere que usted haga lo que puede hacer, y es hacer una confesión del Señor Jesucristo tan clara y abierta como sea adecuada en su condición actual. Creo que muchos cristianos se meten en muchos problemas por no ser honestos en sus convicciones. Por ejemplo, si una persona va a un taller, o un soldado a un cuartel, y si no enarbola su bandera desde el principio, le resultará muy difícil izarla después. Pero si inmediatamente y con valentía les hace saber: "Soy Cristiano, y hay ciertas cosas que no puedo hacer para agradarlos, y otras que no puedo evitar hacer, aunque puedan desagradarlos", cuando eso es claramente comprendido, después de un tiempo la peculiaridad de la cosa desaparecerá y la persona quedará en paz.

Sin embargo, si es un poco deshonesto y piensa que va a agradar al mundo y también a Cristo, puede estar seguro de que le espera un momento difícil. Si intenta el camino del compromiso, su vida será como la de un sapo bajo una rastra o un zorro en una perrera. Eso nunca servirá. Sal fuera. Muestra tus convicciones. Que se sepa quién eres y qué eres. Aunque tu recorrido no será fácil, ciertamente no será ni la mitad de difícil como si intentaras correr con la liebre y cazar con los perros, lo cual es una tarea muy difícil.

El hombre en la cruz hizo su declaración en ese mismo momento, e hizo una confesión de su fe en Cristo lo más abierta posible. Lo siguiente que hizo fue reprender a su compañero pecador. Le habló en respuesta a la irreverencia con la que había atacado a nuestro Señor. No sé qué había estado diciendo blasfemamente el convicto inconverso, pero su camarada convertido le habló muy honestamente: *¿No temes a Dios, ya que estás en la misma condenación? Y ciertamente lo hacemos con justicia, pues recibimos la debida recompensa por nuestras obras; pero éste nada malo ha hecho* (Lucas 23:40-41).

Es más necesario que nunca en estos días que los creyentes en Cristo no permitan que el pecado quede sin reprensión y, sin embargo, muchos de ellos lo hacen. ¿No sabes que una persona que guarda silencio cuando se dice o hace algo malo se ha convertido en partícipe del pecado? Cuando digo al impío: *Oh impío, de cierto morirás; si no hablas para advertir al impío de su camino, ese impío morirá por su pecado; pero demandaré su sangre de tu mano* (Ezequiel 33:8). Si no reprendes el pecado – quiero decir, por supuesto, en todas las ocasiones adecuadas y con el espíritu adecuado – tu silencio dará consentimiento al pecado, y estarás alentando y apoyando el pecado.

Una persona que vio un robo y que no gritó: "¡Para, ladrón!" Se cree que está asociado con el ladrón. La persona que puede oír malas palabras o ver impureza y nunca pronunciar una palabra de protesta bien puede preguntarse si él mismo es justo. Nuestros "pecados ajenos" constituyen una gran parte de nuestra culpa personal a menos que los reprendamos por sus pecados de alguna manera. Nuestro Señor espera que hagamos esto. El ladrón moribundo lo hizo, y lo hizo con todo su corazón, y al hacerlo superó con creces a un gran número de personas que mantienen la cabeza en alto en la iglesia pero que deberían avergonzarse de guardar silencio respecto al pecado.

Capítulo 30

Mantenga su propio jardín

Sé diligente en conocer el rostro de tus ovejas, y pon tu corazón en tus rebaños (Proverbios 27:23). Es bueno que un hombre cuide su ganado y cuide sus rebaños y sus manadas, pero no debe olvidarse de cultivar ese pedacito de tierra que se encuentra en el centro de su ser. Que eduque su cabeza y trate de adquirir todos los conocimientos, pero que no olvide que hay otra parcela llamada corazón, el carácter, que es aún más importante.

Los principios correctos son oro espiritual, y quien los tiene y se rige por ellos es la persona que verdaderamente vive. No importa qué más tenga una persona, aquel que no tiene su corazón cultivado y recto y puro no tiene vida.

¿Alguna vez has pensado en tu propio corazón? No me refiero a si tienes palpitaciones. No soy médico. Estoy hablando ahora del corazón en su aspecto moral y espiritual. ¿Cuál es tu carácter y buscas cultivarlo? ¿Alguna vez usaste la azada sobre esas malas hierbas que abundan en todos nosotros? ¿Riegas esas pequeñas plantas de bondad que han comenzado a crecer? ¿Los vigilas para ahuyentar a los pequeños zorros que podrían destruirlos? ¿Tienes esperanza de que todavía pueda haber una cosecha en tu carácter que Dios verá con aprobación?

Ruego que todos podamos mirar a nuestros corazones. *Por encima de todo, guarda tu corazón; porque de él mana el manantial de la vida* (Proverbios 4:23). *Ora diariamente: Crea en mí, oh Dios, un corazón limpio, y renueva un espíritu recto dentro de mí* (Salmo 51:10). Si no lo haces, subirás y bajarás en el mundo y harás mucho, y cuando llegue el final, descubrirás que has descuidado tu naturaleza más noble, y tu pobre alma hambrienta morirá esa segunda muerte lo cual es tanto más terrible porque es muerte eterna. *El Hades y la muerte fueron arrojados al lago de fuego. Esta es la segunda muerte. Y el que no fue hallado inscrito en el libro de la vida fue arrojado al lago de fuego* (Apocalipsis 20:14-15).

¡Qué terrible que un alma muera por abandono! *¿Cómo escaparemos si descuidamos una salvación tan grande* (Hebreos 2:3 LBLA)? Si prestamos atención a nuestros cuerpos, pero no a nuestras almas inmortales, ¿cómo podemos justificar nuestra necedad? ¡Que Dios nos salve del suicidio por negligencia! Que no tengamos que lamentarnos eternamente, *Me pusieron guarda de las viñas, pero yo no he guardado mi propia viña* (Cantares de los Cantares 1:6).

Consideremos ahora otro punto y pensemos en otro viñedo. ¿No están algunas personas descuidando a sus familias? Al lado de nuestro corazón, nuestros hogares son los viñedos que más estamos obligados a cultivar. Nunca olvidaré a un hombre que conocí en mi juventud y que me acompañaba en ocasiones en mis paseos a los pueblos para predicar. Él siempre estaba dispuesto a ir conmigo cualquier noche, pero no necesitaba pedírselo, porque él mismo lo pedía... hasta que se lo impedí a propósito.

Le gustaba escucharse a sí mismo predicar mucho más que a los demás les gustaba escucharlo a él, y era un hombre que seguramente estaría en algún lugar delante de los demás si podía. Incluso si lo apagabas, tenía una forma de encenderse de nuevo. Era de buen carácter y no podía ser reprimido. Creo que era sinceramente diligente en hacer el bien, pero yo conocía bien a dos muchachos suyos que soltaban malas palabras. Estaban preparados para cualquier pecado y no tenían ninguna restricción.

Uno de ellos bebió hasta morir con brandy, aunque era un simple niño. No creo que su padre le hubiera hablado nunca del hábito de la intoxicación, aunque ciertamente él mismo era sobrio y virtuoso. No tenía ningún defecto que encontrarle excepto este grave defecto: que rara vez estaba en casa, no era el líder de su casa y no podía controlar a sus hijos. Ni el marido ni la mujer ocupaban ningún lugar de influencia en el hogar; eran simplemente los sirvientes de sus hijos. ¡Sus hijos se hicieron viles y no los reprimieron!

Este hombre oraba por sus hijos en la reunión de oración, pero no creo que alguna vez haya practicado la oración familiar. Es impactante encontrar hombres y mujeres que hablan con fluidez sobre religión y, sin embargo, sus casas son una vergüenza para el Cristianismo. Supongo que ninguno de ustedes es tan malo, pero si lo es, por favor reflexionen sobre este texto: *Me pusieron guarda de las viñas, pero yo no he cuidado la mía.*

El padre más cuidadoso y piadoso no puede ser considerado responsable de tener hijos malvados si ha hecho todo lo posible por instruirlos en los caminos de Dios. No se puede culpar a la madre más preocupada y llorosa si su hija deshonra a la familia, siempre y cuando su madre haya hecho todo lo posible para educarla para que sea una mujer piadosa y santa. Pero si los padres no pueden decir que han hecho lo mejor que pudieron y sus hijos se descarrían, entonces tienen la culpa.

Si alguno de ustedes tiene hijos y no sabe dónde están, vaya rápido y averigüe. Si alguno de ustedes, padres, no practica la disciplina ni busca llevar a sus hijos a Cristo, le insto a que abandone todo tipo de trabajo público hasta que primero haya hecho su trabajo en casa.

Señor, ¿alguien lo ha nombrado ministro y no está tratando de salvar a sus propios hijos? Te digo, pues, que no creo que Dios te haya hecho ministro, porque si lo hubiera hecho, habría comenzado por hacerte ministro de tu propia familia. *Me nombraron guardián de los viñedos.* "Ellos" deberían haberlo sabido mejor, y tú deberías haberlo sabido mejor para no aceptar el llamado. ¿Cómo puedes ser mayordomo en la gran casa del Señor cuando ni siquiera puedes gobernar tu propia casa?

¿Es usted maestro de escuela dominical, enseña a los hijos de otras personas, pero nunca ora con los suyos? ¿No es eso triste? ¿Es usted maestro de una clase numerosa de jóvenes que nunca ha enseñado a sus propios hijos e hijas? ¿Qué harás cuando veas a tus hijos hundirse en el vicio y el pecado, y recuerdes que descuidaste por completo sus almas?

No sé dónde puede cortar este cuchillo, pero si hiere, por favor no le quites el filo. ¿Dices que esto es muy personal? Se supone que es personal, y si alguien se siente ofendido por ello, que se ofenda consigo mismo y enmiende su conducta. Que ya no nos suceda a ninguno de nosotros: *A mí me pusieron guarda de las viñas, pero yo no guardé la mía propia.*

Capítulo 31

Una charla sobre la muerte

E s propio de una persona valiente, y especialmente de uno que cree en Jesucristo, no temer la muerte ni anhelarla, ni temerla ni buscarla. Debe poseer pacientemente su alma. No debe desesperar de la vida ante pruebas sencillas, y siempre debe estar más ansioso por correr bien su carrera que por llegar a su fin.

No es obra de personas de fe predecir su propia muerte. Estas cosas se dejan en manos de Dios. No sabemos cuánto tiempo viviremos en la Tierra y no necesitamos saberlo. No podemos decidir si tenemos una vida corta o larga, y si tuviéramos esa opción, sería prudente que se la remitiéramos a nuestro Dios. *Padre, en tus manos encomiendo mi espíritu* (Lucas 23:46) es una oración admirable tanto para los santos vivos como para los santos moribundos. Desear husmear entre las hojas plegadas del libro del destino es desear un privilegio cuestionable. Sin duda vivimos mejor porque no podemos prever el momento en que esta vida llegará a su fin.

Job se equivocó en cuanto a la fecha de su muerte, pero no se equivocó en cuanto al hecho en sí. Habló verdad cuando dijo: *Porque sé que a la muerte me conducirás* (Job 30:23). Algún día el Señor nos llamará desde nuestro hogar en la superficie a la casa designada para todos los vivientes. Los invito ahora a considerar esta verdad incuestionable. ¿Dudas? ¿Por qué? ¿No es muy sabio hablar de nuestras últimas horas?

Dices que quieres hablar de algo alegre. ¿Tú? ¿No te parece este un tema alegre? Es un tema serio, pero también debería ser bienvenido. Dices que no puedes soportar la idea de la muerte. Entonces es muy necesario pensar en ello. Querer evitarlo demuestra que no estás en el estado de ánimo adecuado, o de lo contrario lo tomarías en debida consideración sin desgano.

Es una pobre felicidad la que pasa por alto los hechos más importantes. No quisiera un tipo de paz que sólo pueda mantenerse mediante la irreflexión. Todavía tienes algo que aprender si eres Cristiano y aún no estás preparado para morir. Necesitas alcanzar un estado superior de gracia y alcanzar una fe más firme y contundente. Que todavía eres un bebé en gracia; queda claro al admitir que partir y estar con Cristo no te parece mejor que permanecer en la carne (Filipenses 1:23).

¿No debería ser tarea de esta vida prepararse para la próxima y, en ese sentido, prepararse para morir? Pero ¿cómo puede una persona prepararse para aquello en lo que nunca piensa? ¿Tiene intención de dar un salto al vacío? Si es así, te encuentras en una condición infeliz y te imploro, como amas a tu propia alma, que escapes de tal peligro con la ayuda del Espíritu Santo de Dios.

"Oh", dice alguien, "pero no me siento llamado a pensar en ello". Vaya, el mismo otoño del año te llama a ello. Cada hoja marchita te amonesta. Seguramente tendrás que morir; ¿Por qué no pensar en lo inevitable? Se dice que el avestruz entierra la cabeza en la arena y se cree seguro cuando ya no puede ver al cazador. No puedo imaginar que ni siquiera un pájaro pueda ser tan tonto, y te imploro que no participes en semejante tontería.

Si no pienso en la muerte, la muerte seguirá pensando en mí. Si no medito y considero la muerte, la muerte aun así vendrá a mí. Permítanme entonces enfrentarlo con valentía y mirarlo a la cara. La muerte entra en nuestras casas y se lleva a nuestros seres queridos. Rara vez entro al púlpito sin que algún rostro familiar se pierda de su lugar. No pasa una semana sin que parte de nuestra feliz confraternidad sea trasladada a la aún más feliz confraternidad de arriba. Lo escuchemos o no, la muerte nos predica cada vez que nos reunimos en público. ¿Viene tan a menudo con el mensaje de Dios y nos negaremos a escucharlo? No, pero prestemos oído y corazones dispuestos, y escuchemos lo que el Señor Dios nos diría en todo momento.

Oh, tú que eres el más joven, tú que estás más lleno de salud y de fuerza, te invito con amor a no alejarte de este tema. Recuerda, es posible que se lleven al más joven. Cuando mis hijos eran pequeños, los llevé al antiguo cementerio de Wimbledon y les pedí que miraran algunas de las pequeñas tumbas que había allí, y encontraron varias cuyas vidas eran más cortas que las suyas. Intenté de esta manera grabar en sus jóvenes mentes la incertidumbre de la vida. Quiero que cada niño recuerde que no es demasiado pequeño para morir.

Hágales saber a los demás que no son demasiado fuertes para morir. Los árboles más robustos del bosque suelen ser los primeros en caer bajo el hacha del destructor. Paracelso, el renombrado médico de la antigüedad, preparó una medicina de la cual decía que, si un hombre la tomaba regularmente, nunca podría morir, a menos que fuera de extrema vejez; sin embargo, el propio Paracelso murió joven. Aquellos que creen haber encontrado el secreto de la inmortalidad aprenderán que están bajo un fuerte engaño. Ninguno de nosotros puede descubrir un lugar donde estemos fuera del alcance del último enemigo y, por lo tanto, sería una tontería negarnos a pensar en ello.

Cierto duque francés, extremadamente arrogante, prohibió a sus asistentes mencionar la muerte en sus oídos. Cuando su secretario le leyó las palabras "El difunto rey de España", el duque se volvió hacia él con mordaz indignación y le preguntó qué quería decir con eso. El pobre secretario sólo pudo balbucear: "Es un título que toman".

Sí, efectivamente, es un título que todos adoptaremos, y sería bueno observar cómo nos conviene. La muerte, el rey de los terrores, llega a los reyes, y también visita a los pobres. Él viene a ti, a mí y a todos. Estemos todos preparados para su llegada segura. ¿Estás listo?

En un momento, en un abrir y cerrar de ojos, en la última trompeta, porque sonará la trompeta, y los muertos resucitarán sin corrupción, y nosotros seremos transformados. Porque es necesario que esto corruptible se vista de incorrupción, y esto mortal se vista de inmortalidad. Así que cuando esto corruptible se haya vestido de incorrupción, y esto mortal se haya vestido de inmortalidad, entonces se cumplirá la palabra que está escrita: Sorbida es la muerte en victoria. Oh muerte, ¿dónde está tu aguijón? Oh Hades, ¿dónde está tu victoria? El aguijón de la muerte es el pecado y el poder del pecado es la ley. Pero gracias a Dios, que nos da la victoria por medio de nuestro Señor Jesucristo. Por tanto, mis amados hermanos, estad firmes, inconmovibles, abundando siempre en la obra del Señor, sabiendo que vuestro trabajo no es en vano en el Señor.
(1 Corintios 15:52-58)

Charles H. Spurgeon –
Una breve biografía

Charles Haddon Spurgeon nació el 19 de junio de 1834 en Kelvedon, Essex, Inglaterra. Era uno de los diecisiete hijos de su familia (nueve de los cuales murieron en la infancia). Su padre y su abuelo fueron ministros inconformistas en Inglaterra. Debido a dificultades económicas, Charles, de dieciocho meses, fue enviado a vivir con su abuelo, quien ayudó a enseñarle los caminos de Dios. Más adelante en su vida, Charles recordó haber visto las fotografías de Pilgrim's Progress y del Libro de los Mártires de Foxe cuando era niño.

Charles no tuvo mucha educación formal y nunca fue a la universidad. Sin embargo, leyó mucho a lo largo de su vida, especialmente libros de autores puritanos.

Incluso con padres y abuelos piadosos, el joven Charles se resistió a ceder ante Dios. No fue hasta los quince años que nació de nuevo. Iba de camino a su iglesia habitual, pero cuando una fuerte tormenta de nieve le impidió llegar, se dirigió a una pequeña capilla metodista primitiva. Aunque solo asistieron unas quince personas, el predicador habló en Isaías 45:22: Mirad a mí y sed salvos, todos los confines de la tierra. Los ojos de Charles Spurgeon fueron abiertos y el Señor convirtió su alma.

Comenzó a asistir a una iglesia bautista y a enseñar en la escuela dominical. Pronto predicó su primer sermón y luego, cuando tenía dieciséis años, se convirtió en pastor de una pequeña iglesia bautista en Cambridge. La iglesia pronto creció a más de cuatrocientas personas, y Charles Spurgeon, a la edad de diecinueve años, pasó a ser pastor de la iglesia New Park Street en Londres. La iglesia creció de unos pocos cientos de asistentes a unos pocos miles. Construyeron una ampliación a la iglesia, pero aún necesitaban más espacio para acomodar a la congregación. El Tabernáculo Metropolitano fue construido en Londres en 1861 y tiene capacidad para más de 5.000 personas. El pastor Spurgeon predicó el sencillo mensaje de la cruz y, por lo tanto, atrajo a muchas personas que querían escuchar la Palabra de Dios predicada en el poder del Espíritu Santo.

El 9 de enero de 1856, Charles se casó con Susannah Thompson. Tuvieron gemelos, Charles y Thomas. Charles y Susannah se amaban profundamente, incluso en medio de las dificultades y problemas que enfrentaron en la vida, incluidos problemas de salud. Se ayudaron mutuamente espiritualmente y, a menudo, leyeron juntos los escritos de Jonathan Edwards, Richard Baxter y otros escritores puritanos.

Charles Spurgeon era amigo de todos los cristianos, pero se mantuvo firme en las Escrituras y no agradó a todos los que lo escucharon. Spurgeon creyó y predicó sobre la soberanía de Dios, el cielo y el infierno, el arrepentimiento, el avivamiento, la santidad, la salvación solo a través de Jesucristo y la infalibilidad y necesidad de la Palabra de Dios. Habló contra la mundanalidad y la hipocresía entre los cristianos, y contra el catolicismo romano, el ritualismo y el modernismo.

Una de las mayores controversias de su vida fue conocida como la "Controversia de la degradación". Charles Spurgeon creía que algunos pastores de su tiempo estaban "degradando" la fe al comprometerse con el mundo o las nuevas ideas de la época. Dijo que algunos pastores estaban negando la inspiración de la Biblia, la salvación sólo por fe y la verdad de la Biblia en otras áreas, como la creación. Muchos pastores, que defendían lo que Spurgeon condenaba públicamente, expresaron que no estaban contentos con esto, y Spurgeon finalmente renunció a la Unión Bautista.

A pesar de algunas dificultades, Spurgeon llegó a ser conocido como el "Príncipe de los Predicadores". Se opuso a la esclavitud, fundó un colegio de pastores, abrió un orfanato, fue líder en ayudar a alimentar y vestir a los pobres, tenía un fondo de libros para pastores que no podían pagarlos, y más.

Charles Spurgeon sigue siendo uno de los predicadores más publicados de la historia. Sus sermones se imprimían cada semana (incluso en los periódicos), y luego los sermones del año se reeditaban como libro al final del año. Los primeros seis volúmenes, de 1855 a 1860, se conocen como The Park Street Pulpit, mientras que los siguientes cincuenta y siete volúmenes, de 1861 a 1917 (sus sermones continuaron publicándose mucho después de su muerte), se conocen como The Metropolitan Tabernacle Pulpit. También supervisó una publicación mensual tipo revista llamada The Sword and the Trowel, y Spurgeon escribió muchos libros, entre ellos Lectures to My Students, All of Grace, Around the Wicket Gate, Advice for Seekers, John Ploughman's Talks, The Soul Winner, Words. of Counsel for Christian Workers, Chequera del Banco de la

Fe, Morning and Evening, su autobiografía y más, incluidos algunos comentarios, como su estudio de veinte años sobre los Salmos: El Tesoro de David.

Charles Spurgeon solía predicar diez veces por semana, y se estima que predicó a diez millones de personas durante su vida. Por lo general, predicaba a partir de una sola página de notas y, a menudo, de un simple bosquejo. Leyó unos seis libros cada semana. Durante su vida, había leído El progreso del peregrino más de cien veces. Cuando murió, su biblioteca personal constaba de más de 12.000 libros. Sin embargo, la Biblia siempre fue el libro más importante para él.

Spurgeon pudo hacer lo que hizo en el poder del Espíritu Santo de Dios porque siguió su propio consejo: se reunía con Dios todas las mañanas antes de reunirse con los demás y continuaba en comunión con Dios durante todo el día.

Charles Spurgeon padecía gota, reumatismo y cierta depresión, entre otros problemas de salud. A menudo iba a Menton, Francia, para recuperarse y descansar. Predicó su último sermón en el Tabernáculo Metropolitano el 7 de junio de 1891 y murió en Francia el 31 de enero de 1892, a la edad de cincuenta y siete años. Fue enterrado en el cementerio de Norwood en Londres.

Charles Haddon Spurgeon vivió una vida dedicada a Dios. Sus sermones y escritos continúan influyendo en los cristianos de todo el mundo.

Sólo teme al Señor y sírvele en verdad con todo
tu corazón; pues considerad qué grandes cosas ha
hecho por vosotros. - 1 Samuel 12:24

También Por Aneko Press

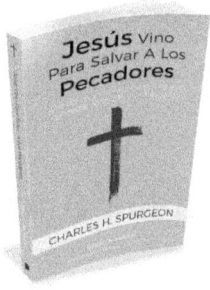

Jesús Vino Para Salvar a los Pecadores, por Charles H. Spurgeon

Jesús vino a salvar a Pecadores es una conversación de corazón a corazón con el lector. A través de sus páginas, se examina y se trata debidamente cada excusa, cada razón y cada obstáculo para no aceptar a Cristo. Si crees que eres demasiado malo, o si tal vez eres realmente malo y pecas abiertamente o a puerta cerrada, descubrirás que la vida en Cristo también es para ti. Puedes rechazar el mensaje de salvación por la fe, o puedes elegir vivir una vida de pecado después de decir que profesas la fe en Cristo, pero no puedes cambiar la verdad de Dios tal como es, ni para ti ni para los demás. Este libro te lleva al punto de decisión, te corresponde a ti y a tu familia abrazar la verdad, reclamarla como propia y ser genuinamente liberado para ahora y para la eternidad. Ven, y abraza este regalo gratuito de Dios, y vive una vida victoriosa para Él.

Disponible donde se venden libros

Cómo Estudiar la Biblia, por Dwight L. Moody

No hay ninguna circunstancia en la vida para la que no puedas encontrar alguna palabra de consuelo en las Escrituras. Si estás en aflicción, si estás en adversidad y prueba, hay una promesa para ti. En la alegría y en la tristeza, en la salud y en la enfermedad, en la pobreza y en la riqueza, en toda condición de la vida, Dios tiene una promesa guardada en Su Palabra para ti.

Este libro clásico de Dwight L. Moody trae a la luz la necesidad de estudiar las Escrituras, presenta métodos que ayudan a estimular el entusiasmo por las Escrituras, y ofrece herramientas para ayudarte a comprender los pasajes difíciles de las Escrituras. Para vivir una vida cristiana victoriosa, debes leer y entender lo que Dios te dice. Moody es un maestro en el uso de historias para ilustrar lo que está diciendo, y a través de estas páginas, tú serás inspirado y convencido a buscar la verdad en las páginas de la Palabra de Dios.

Disponible donde se venden libros